Thought of The Day 100

오늘의 말씀 100

Learning to establish the daily habit of positive reflection

매일 긍정적인 묵상을 습관으로 만들수 있는 지침서

BYUNG K MIN

Preface

I am a 1st generation Korean American. This is why some of my English expressions may seem odd. Some could say, "This is not a good quality English book. I know that. I know my limitations in regard to the English language. I made this book in spite of that. Trust me, I thought and prayed a lot whether to publish this book or not. God may not give me fluent English language skills, but He did put a passion in my heart to write this book. I have just enough courage to take one step at a time.

As you may know, I have sent out 100 spiritual messages to my people via email for several months. I got many encouraging email responses in doing so. I was able to publish this book because of the many uplifting messages that were sent back to me. Through this work, I am also able to see God's intent and direction for my ministry is to touch people's lives every day. I hope that God's love will pour out upon each and every individual who reads this book. I also wish that you could feel and experience God's grace in your life through these messages.

머 릿 말

저는 1 세대 한국계 미국인 입니다. 한국에서 태어나
자랐고 대학까지 마치고, 미국으로 이민을 가서
대학원과정을 미국에서 마쳤습니다. 그래서, 저의 영어
표현이 좀 어색할 수 있습니다. 아마도 누군가는 이 책을
보고 좋은 영어책이 아니라고 할 수 있을 것입니다. 저도
제가 영어에 한계가 있다는 것을 잘 알고 있습니다.
그럼에도 불구하고 저는 이 책을 썼습니다. 그러기에
출판을 해야 할지, 말아야 할지, 생각도 많이 하고 기도도
참 많이 했습니다. 하나님은 저에게 유창한 영어를
구사하는 실력을 주시진 않았습니다. 그러나 저의 마음에
책을 쓰고자 하는 열정을 주셨습니다. 그리고 한 걸음
앞으로 나가기 위한, 아주 적절한 만큼의 용기를 주셨죠.

아시다 시피, 이 글들은 제가 지인 분들에게 여러 달에
걸쳐, 매일 이 메일을 통해서 보내 드렸던, 100 개의 영적인
메세지를 모아 놓은 것입니다. 그렇게 하는 동안, 저는 참
많은 격려의 글들을 받았습니다. 제가 이 책을 출간하는
것을 결정하게된 이유는 그동안 저에게 보내 주신 참 많은
격려의 글 들 때문입니다. 이렇게 책을 엮어 가는 작업을
하는 동안, 저는 하나님의 의도와 인도하심을 보게

되었습니다. 그것은 바로 내 주위에 있는 사람들의 삶을
영적 메세지를 통해서 매일 터치 하는 것입니다. 바라기는
이 책을 읽는 한분 한분에게 하나님의 사랑이 풍성하게
임하기를 기도 합니다. 또한 이 메세지들을 통해서
하나님의 은혜를 여러분들 하루하루의 삶속에서 느끼고
경험하기를 간절히 바랍니다.

Introduction

Expressing the "bottom line up front," this is a simple guidebook for your soul. Just like you need daily food and exercise for your body, you also need spiritual food for living because you are a spiritual being created in the image of God.

We are human beings. There is your soul in your body. You need to take care of your soul as much as you take care of your body. This book is for the daily reflection and sustenance for your soul. Just think about you and your soul. Don't you think you need something to fill your soul?

Let me ask a few questions. Do you know how to take care of your soul? What did you last do to enrich it? When was the last time that you felt contentment within your being? We, you and I, need the encouragement, the guidance, the love and the grace of God daily. This book will teach you some very basic lessons to take care of your soul.

서 론

결론부터 말씀드리자면, 이 책은 여러분의 영혼을
인도하는 아주 간단한 지침서 입니다. 마치 여러분이
육신을 위해서 음식을 먹고, 운동을 하듯이, 당신의
영혼에도 양식이 필요합니다. 왜냐하면, 우리는 하나님의
형상을 닮아 창조된 영적인 존재이기 때문입니다.

우리는 인간입니다. 즉, 여러분의 몸은 영혼을 담고 있죠.
여러분이 몸을 돌보듯이 영혼도 함께 돌보아야 합니다. 이
책은 당신의 영혼을 위한 매일의 묵상과 양식에 대한
책입니다. 자 당신 자신과 영혼에 대해서 한번 생각 해
봅시다. 당신의 영혼이 무엇인가 채워지지 않아 갈급하지
않은가요? 제가 몇가지 질문을 드리겠습니다. 당신은
어떻게 당신의 영혼을 돌봐야 하는지 그 방법을 알고
있나요? 당신의 영혼을 풍성하게 하기 위해서 마지막으로
해 본것이 무엇이었는지요? 언제, 마지막으로 영적인
(당신의 존재에 대한) 만족을 느껴보셨나요?

우리, 당신, 그리고 저를 포함해서 우리 모두는 격려가

필요합니다. 그리고 영혼에 대한 지침과, 하나님의 은혜가 매일 필요합니다. 이 책은 당신의 영혼을 돌보는데 있어서, 아주 기본적인 렛슨을 가르쳐 줄 것입니다.

Acknowledgement

English is my second language. It is very hard for me to write something in English. But, I did my best to learn and to improve my language skills everyday. However, I have a big advantage when it comes to expressing myself in Korean, for I am a first generation Korean American. Believe it or not, I can speak and write in Korean very well. God provided what I needed to make this book. Because He knows my weakness, He gave me many people to help me make this book.

First of all, I would like to thank God who gave me courage, ideas, and inspirations. Without Him, I wouldn't be able to do this work.

Second, Thanks Tiffany! She was a little girl a long time ago, but now she has grown up to be able to edit my work. Even if she did charge me some money for it! I really do appreciate your support my daughter!

Third, I would like to offer a special thanks to my friend and brother, CH (MAJ) Curtis Sutherland. He helped me with the beginning parts of this book. He provided editing services because he loves to help people and finds great enjoyment watching them succeed.

Finally, I want to express my gratitude from the bottom of my heart to the many people who have sent me responses through email. Those messages touched my soul and gave me strength to create these daily messages.

감사 말씀

영어는 저에게 있어서 모국어가 아닙니다. 그래서, 영어로 글을 쓴다는 것은 상당히 어렵습니다. 그러나 저는 영어를 배우기 위해, 저의 영어 능력을 향상 시키기 위해 매일 매일 최선을 다 합니다. 그 반면에 저는 한국어에 대해서 아주 큰 이 점을 가지고 있습니다. 왜냐하면, 저는 한국계 미국인 1 세 이기 때문입니다. 믿기 힘드시겠지만, 저는 한국말을 참 잘하는 편에 속합니다. 하나님은 저에게 이 책을 만드는 작업중에, 제가 필요한 모든것을 주셨습니다. 왜냐하면, 제가 부족한 것을 아시고, 제 주위에 참 좋은 사람들을 보내 주셨기 때문입니다.

먼저, 저에게 용기와 아이디어, 그리고 영감을 주신 하나님께 감사드리고 싶네요. 그분이 없이는 아무것도 할 수 없는 것을 저는 잘 알고 있습니다.

두번째로, 저의 딸 티파니에게 감사의 말을 전하고 싶습니다. 바로 얼마전까지만 해도 어린 아이 였는데, 언제 컷는 지, 벌써 대학생이 되어 저의 글을 고쳐줄 정도가 되었네요. 하긴 공짜로 해 주진 않았습니다. 일을 하고 나면, 그 댓가를 요구했죠. 하지만, 저는 제 딸의 도움에 정말 감사하고 있습니다.

세번째로, 특별히 저의 친구이자 형제인 커티스 서덜랜드 목사에게 감사하고 싶습니다. 그는 이 책의 앞부분을 도와 주었습니다. 제 영어를 공짜로 고쳐 주었죠. 그는 참 좋은 친구 입니다. 다른 사람 도와 주기를 좋아하고, 그가 잘 나가는 것을 보면서, 만족하는 친구 입니다.

마지막으로, 제가 진심으로 감사를 드리고 싶은 분들은 제 글에 격려의 글고 답장을 보내주신 모든 분들 입니다. 그분들의 답장이 저의 영혼을 매일 터치 했습니다. 그로 인해 제가 매일 메세지를 보낼 수 있는 용기와 힘을 얻었습니다.

Instructions:

for making the most of this book!

1. Set aside just 5 minutes a day.

Of course, you control your time, so this is only a suggestion for you. Take 1 minute to prepare your space for reading and reflecting. Take 1 minute for reading and 2 or 3 minutes for reflection, writing thoughts from your inner voice on the pages in this book.

2. Create a calm environment for reflection.

Please turn your cell phone off, and any other devices that may distract you. If you have your own room, close the door and put a sign that says, "Do not disturb me for 5 min" on the door.

Sit comfortably on your chair or sofa. Close your eyes and take several deep breaths. You are ready to read once you feel calm and comfortable.

3. Open your book and read the thought of the day.

Read only one thought for reflection each day. Do not hurry. Take your time to read the thought more than once.

4. Write your reflections in the white space of the book.

Reflect upon the thought of the day, listening to your inner voice. Write these thoughts down for reflection.

If you do this every day, taking only 5 minutes a day for 100 days, you will be surprised at the growth upon completion of this book.

Don't try to read the entire book in one sitting. Take time to thoughtfully read each page for 100 days.

This book of thoughts to reflect upon are no longer mine. Instead, it will be your book of reflections in 100 days. I am just helping you to complete this task.

The purpose of this book is to touch and to change your life.

이 책을 읽는 방법

1. 매일 5분의 시간을 할애하시기 바랍니다.

당신의 시간은 당신 스스로 관리 해야 합니다. 제가 한 가지 제안을 드리겠습니다. 1분동안 읽고 명상할 수 있는 공간을 마련 하십시오. 그리고, 1분동안 천천히 오늘의 말씀을 읽으세요. 이후 2분-3분동안 곰곰히 그 말씀을 생각하고 묵상하세요. 그리고 당신의 마음에서 부터 들리는 소리를 책에 적어 보세요.

2. 묵상을 위한 조용한 환경을 만드세요

제발 핸드폰은 꺼두시구요. 이외에 다른 방해가 될만한 것들을 치우세요. 만약 당신만의 방이 있다면, 문을 닫으시고 "5분동안 조용히(방해하지 말라는)"라는 싸인판을 문에 걸어 놓으세요. 의자나 소파에 편하게 앉으시고, 잠시 눈을 감고, 심호흡을 3번에서 5번 정도 하세요. 이제 마음이 안정되시고, 편안해 지셨다면, 글을 읽을 준비가 되신겁니다.

3. 하루에 하나의 말씀만 읽고 묵상하세요

책을 펴시고, 오늘의 말씀을 읽으세요. 서두를건 없습니다.
시간을 가지시고 두번이상 차근차근 읽으세요

4. 책의 여백에 당신이 묵상한 내용을 적어 보세요.

제가 책에 여백을 많이 만든것은 다 이유가 있습니다.
오늘의 말씀을 묵상하시고, 마음속에서 들리는 소리에
귀를 기울이세요. 그리고 그 말씀을 책의 빈 공간에 적어
보세요.

만약 당신이 이렇게 하루에 5 분, 매일 100 일 동안 계속
한다면, 당장 큰 변화를 느낄수는 없겠지만, 이책을 마치는
그날에는 변화된 당신의 모습을 보고 놀라게 될것입니다.

이책을 첫번째로 읽으실때는 처음 부터 끝까지 한번에
읽으려 하지 마세요. 일단 100 일 동안 책을 끝내고 나면,
이후에는 얼마든지 읽을 기회가 있으니까요.

이 책은 저자를 위한 책이 아닙니다. 이 책은 당신을 위한 책입니다. 100 일 후에는 당신의 책이 된것을 알수 있을 것입니다. 저는 다만, 당신이 이책을 완성하게끔 도와 드리는 것입니다. 이책의 궁극의 목적은 당신의 삶을 터치하고 변화시키는 것입니다.

Email Responses

Hello sir, In my opinion, these thoughts of the day are the best thing I've seen a Chaplain do which can "positively impact the masses on an enduring basis" and is readily available...on a silver platter. We merely have to take the time read it and a few moments to reflect. Great bang for the buck. I am reading them and I am sure they will continue to pay dividends not only for me but for those I encounter, long after I have PCS'd. Thank you. – A F

CH (LTC) Byung K. Min, Hi. I just wanted to take a minute to relay my sincere appreciation to you. A friend has sent me several of your uplifting "Thought of the Day" messages. I have found them highly inspirational. You have a talent in profoundly identifying / relaying your message and afterwards relating it back in a way to make it helpful to the recipient. I also like that you have taken the time to provide your message in both Hangul and English. I'm perhaps not supposed to provide positive comment to certain message traffic. But in my humble opinion your messages to date provide value to the community. Please know, I sincerely appreciate and applaud your efforts. Regards - G E. H

Chaplain, excellent message today. Thanks for all of your messages. I really appreciate them. Hope you and your Family have a wonderful holiday season. Thank you. - LTC C

Brother Min, This is such an on-time message. Thank you for sending the reminder of true self-worth. - Sis H

LTC. Min, Thank you for the wisdom words every day. Your e-mails telling me to recognize who am I and how to live. Thank you so much again. - Ms. Yi

CH (LTC) Min, sir this is a powerful message. Thank you as always for sending the thought of the day right on time Have a great evening. – L L H

Sir, Thank you so much for these beautiful (and also powerful) words. - Ms. Ha

Every time, when I read your essay, it gives me good spirits and courage. Thank you again.

LTC Min, Good afternoon Sir. I would like to thank you for the Thought of the day messages. They are good reminders and necessary to our daily life to achieve good harmony amongst fellow co-workers as well as family and friends. I regret that I will no longer be able to receive these wonderful messages because I'm leaving by end of this month. I hope you continue doing this as they are well appreciated. Thank you! - N G. T

Good morning Sir, I was holding my emotional things in office but I would like to say my sincere "Thank you" for you... Your morning essay helps a lot to cheer me up and brighten up of my days. I wonder how do you read my mind in despair and to find perfect words to pacifies me every day. I believe it is not only effect to me but also majority of employees who in blue or disappointed from their today.

LTC Min, Good morning. Thank you very much for the very inspiring word. I was raised within the family full of the powerful resources. How I wish, people got to read your thought for the day, especially the person who really hates me. Have a blessed day Sir! – M J

Good Morning Chaplain! Just want to say thank you for your daily message. It helps me to improve my English capability and be with love of God all day. Have a blessed day. – A K

Sir, Good day. I do not miss a day reading your "Thought of the day". Very simply said, yet very practical and very inspiring. Thank you very much for sharing. This is my breath spacer and thank you for the break as well. Have a blessed day to you and your family,

CH Min, I don't know if anyone else has thanked you, but I for one deeply appreciate your thoughts of the day. I look forward to them now. Thank you very much. – S F W

Every time when I read, " Thought of the day", I'm appreciating to you and it makes me more humble. Thank you.

Chaplain, Thank you so much for the good words. Indeed we need to be bit more thankful for everything. I am grateful for being alive & in good health. Have a great day! – C K S

Great words especially for young folks having apprehension about starting a new sport, school, job, etc. Here is one I came across as Knowledge Management Office with the XVIII ABN Corps. "Minds are like parachutes - they only function when open". Have a great weekend. – C E N

이메일 답장들

목사님, 매일같이 좋은글 보내주셔서 너무 감사합니다.
글을통해 많은것을 느끼고 위안받으며 살아갑니다.
한국에 계시는하루하루가 늘 축복받는날이되길
기원합니다. - 남

좋은 말씀 감사히 잘 읽고 있습니다. 오늘 말씀은 유난히
제 마음에 무언가를 전해 주는듯 합니다. 감사드리며 항상
건강하십시요. - S H

목사님, 늘 좋은 말씀 감사합니다. 오늘 내용 참으로
가슴에 와닿습니다. 인생의목표.. 다시 한번
생각해보게되는 기회가 되었습니다. - 김

안녕하세요, 좋은 아침입니다~~ 늘 귀한 말씀 소중하게
간직해서 올해 마무리 잘하고, 내년은 삶의 양식이 되어
노력하고 행동하도록 최선을 다하겠습니다. 감사합니다.

오늘도 즐겁고 행복한 하루 되십시요!!!

늘 좋은 내용 감사드립니다. 많은 위로와 걱정
없어진것같습니다. 다시한번 감사드립니다. - Y K

감사합니다. 오늘아침 커피한잔에 목사님이 보내주신
좋을글을 보니 오늘아침 행복합니다. 즐거운
하루되십시요. "사람들은 당신이 뭘 얼마나 알고 있는
지에는 관심없어요, 당신의 진심을 알게 되기 전까지는."
이런 번역은 어떨까요?^^ 한번 끄적여봤습니다. 항상
감동적인 말씀에

감사드립니다. 멋진 주말되세요. - M O K

감사합니다 목사님 저의 딸들이 꼭 읽어야 할 의미있는
글이네요

LTC Min, Good Morning! 짧게나마 감사한 마음 표현하고
싶네요. 항상 좋은 글로 생각하게 하는 시간을 주셔서요.
소중한 일을 하시고 있어서...더욱 힘내시라구요!

고맙습니다. – K T H

안녕하세요, 목사님. 좋은 말씀 매일 매일 보내주셔서
감사합니다. 목사님도 항상 건강하시고 평안하시기를
기원드립니다. – Y C K

저는 O O 에 근무 하는 윤 O O 입니다. 오늘로서 목사님의
Daily Message 를 19 번째 받았습니다. 매일 아침 출근해서
하루 일과를 시작 하기 전, 좋은 구절을 찾아 읽으며 밝은
마음으로 하루를 구상 합니다. 물론 목사님의 Thought of
the day 도 많은 위로와 격려가 됩니다. 또, 이제껏
보내주신 글들은 폴더를 만들어 저장하며 가끔 퇴근 전
다시 읽어 보기도 하고요....... Just~~~~~ 이 아침 목사님께
감사의 말씀 드리고 싶어서 여기 남깁니다. "감사합니다."
– Y Y M

얼마전부터, 매일 좋은 글을 보내주셔서~ 정말
감사드립니다~ 여러가지 생각을 해보게 되고, 또 긍정적인
영향을 받고 있습니다. 목사님도~ 좋은 하루 되세요 - K D

H

진심으로.. 진심으로 목사님의 따뜻한 글귀가 제게는 어떤
병원 처방전 보다 귀한 약입니다... 다시한번 성심담아
감사의 말씀 전해 올립니다~!! – C H

Sir! 항상 감사합니다. 아침에 출근해서, 컴을 여는 순간
마주하는, 아름다운 말씀들이, 제 영혼속에 들어있는,
연약함과 허물을 깨끗이 씻어내고 있습니다. 매일 아침
마다, 영양 많은 따뜻한 우유를 마시는 느낌입니다.
아침마다, 겸손을 배우고, 감사함을 배우고, 내 이웃을
사랑하는 법을 배웁니다. 아침마다, 읽어보는 이 한장의
메세지가 제 삶의 큰 전환점이 되고 있어요. 욕심과
욕망으로 생겨난 근심과 고통을 지혜로써 간단히 지워
버릴수 있는 그런 날이 올때까지 열심히 배우고, 생각하고,
사랑을 나누겠습니다. 다시한번 진실로 감사드립니다.
고맙습니다. – P C H

안녕하세요, 매일 주옥 같은 말씀 감사합니다 :) 오늘

말씀은 특히 저한테 하시는 말씀 같아서 많은 걸 생각하게
되네요~ 앞으로의 말씀들에도 미리 감사드립니다! 즐거운
하루 & 한 주 보내세요 – Y T H

목사님, 저는 목사님을 한번도 뵌적은 없지만 항상 좋은
말씀 감사드리고 목사님의 글을 보고 제 자신을 뒤
돌아보기도 합니다. 제 사무실과 그리 멀지 않은 곳에
있으니 기회가 되면 한번 뵙도록 하겠습니다. 항상
감사드리며 목사님의 메일에 나오는 가르침대로
마음으로나마 실천 할려고하는 직원입니다. 감사드리며
좋은 하루되세요. – K C Y

Sir, 좋은 말씀 너무 감사합니다. 말씀 읽을때마다 일로
받았던 스트레스가 해소가 됩니다. 늘 영육간의
평안하세요. – P H S

저두 매일 아침 목사님의 생명의 말씀을 만날 수 있음에
감사드립니다. – S C H

늘 감사 합니다. 하나님의 말씀속에 살아가는 것이 가장

복된것이라 생각 합니다. 기도하며 준비하며 긍정적인 생각으로 하루 하루 감사 하며 살아갑니다. 좋은하루 되세요. -K C Y

Sir, 늘 좋은 말씀 감사합니다. 말씀을 보내주시니 영성에 너무 좋은 것 같습니다. 즐거운 주말 되세요. - P H S

아침마다 보내주시는 좋은 글들 마음의 양식이 되어 하루하루 더 감사한 삶이 되고 있습니다. 감사합니다. - C S C

목사님! 매일 인생에 등불이 될수 있는 좋은 글 올려 주셔서 감사 합니다. 간부들의 인성 교육을 위해 각종 미팅시 적극 활용하고 있으며 아울러, 영어 능력도 향상 시키는 기회가 되고 있습니다. 목사님의 건승을 기원 하겠습니다. – Y Y K

감사합니다. 목사님 소중한 말씀 감사합니다. 잊고 지낸

자신을 되돌아 보게 되며 반성도 하고 새로운 힘도 얻게
됩니다. 또한 영어공부도 되고하니 여러가지로 감사한
마음입니다. 모쪼록 하루하루가 기쁘고 복된 나날이
되십시오.

단결! 안녕하십니까?19 지원사 일병 박 O O 입니다.
바쁘신 와중에도 항상 좋은 말씀으로 하루를 열게
해주셔서 감사합니다. 오늘 하루도 행복한 하루 되십시오.
이상입니다. 수고하십시오. 단결!

목사님, 안녕하세요. 목사님의 짧은 말씀이 바쁜 생활속의
저를 돌아보는 여유를 갖게 합니다. 귀하신 말씀 다시 한번
감사드립니다. – K S H

CH Min, 좋은 말씀 잘 보고 있습니다. 한 부서의 책임을
맞고 있는 저에게는 정말 많은 도움이 되는 말씀들입니다.
다시 한번 더 감사 드리며, 앞으로도 계속 좋은 말씀 부탁
드립니다. 감사합니다. 오늘도 행복하고 즐거운 하루
되십시오. – Y S P

좋은 글 감사합니다. 가슴에 와 닿아서 좋습니다. 저는
한국군에 OO 년 근무를 했고 OOOO 년 전역후 KSC 로
옷을 바꿔 입고 생활하고 있습니다. OOOO 년도 이라크에
파병 갔을때 미군 파병부대와 같이 대위로 오신 한국계
미군인 군목 분들을 많이 만났었습니다. 그 좋은 기억들이
갑자기 생각나고 있습니다. 행복한 하루 되십시요. - H M
T

목사님,,,매일 아침 좋은 글귀 너무 너무
감사합니다...마음의 위안이 되고...많은 힘이 되네요.. 좋은
하루 보내세요 - Y S Y

Chaplain, 매일 아침 좋은글로 하루를 시작할 수 있음에
감사드립니다. 목사님의 글에 희망의 생명이 들어 있는거
같아요.. 감사합니다 - S C H

민선생님, 수고 하십니다 매일 보내주시는 글이 저한테는
많은 도움이 됩니다. 사무실에서 여러 사람과 일하다 보면

상처 받는말 속상한일 많은데 이글로 하여금 치유되는것 같아서 좋습니다

마음에 와닿는 글이라서 너무 좋습니다 앞으로 좋은글 보내주세요. 하느님에 축복 많이 받으시고 늘 건강하고 행복하세요 ~~ 오늘도 파이팅~~ - C C

1.

"Leadership is an influence."- John C. Maxwell

This short quote by John C. Maxwell is simple yet so powerful. Some may overlook this quote but it reminds us that leadership is about influencing, be it negative or positive influences.

Brothers and sisters to be a good leader with good leadership mean to motivate and mentor others. Bad leadership, on the other hand, makes others feel unwanted and useless. We would never want to feel such a way so why would we want to others to feel such a way? Be the moral force and influence those around you to be the best they can. That is the meaningful life as a leader.

1.

"리더쉽이란 영향력입니다." - John C. Maxwell

아주 간단하고 파워풀한 정의 입니다. 맞습니다. 리더쉽은
영향력을 끼치는 거죠. 사실 당신(리더)은 누군가에게
영향력을 끼치고 있습니다. 좋은 영향력이든, 나쁜
영향력이든 영향력을 행사하고 있죠.
형제 자매 여러분들 좋은 리더가 되기를 힘쓰시기
바랍니다. 갑질하는 보스가 되지 마세요. 만약 당신이
누군가에게 영향을 끼쳐서 그사람이 스스로 쓸모없는
존재라고 느끼게 한다면 당신은 좋은 리더가 아닙니다.
그냥 나쁜 매니저일 뿐입니다. 제발 그러진 마세요.
리더로써의 당신은 다른 사람에게 동기 유발을 하는
사람이 되어야 하며, 그들의 삶에 좋은 멘토가 되어야
합니다. 그런 리더의 삶이 훨씬 더 보람있고 값진 삶이기
때문입니다.

2.

"Synergy is better than my way or your way. It's our way." - Stephen Covey

Brothers and sisters, you must accept one fact and that is by working together problems can be solved quicker, useless issues can be disregarded, and the world will go around a bit more smoother. With the help of others and simple teamwork, we can all accomplish so much more together.

2.
"씨너지 (상승효과)는 나의 방법보다, 그리고 당신의
방법 보다 더 나은 길입니다. 그것은 바로 우리의
방법(또는 길) 입니다." - Stephen Covey

형제 자매 여러분, 내 자신은 한계가 있는 유한한 존재라는
것을 인정하고 받아 들이시기 바랍니다. 우리 모두가
그렇죠. 제발 고집쟁이는 되지 마세요. 우리는 홀로 살지
않습니다. 오히려 함께 살게 만들어져 있죠. 그래서 우리가
사는 사회에서 팀웍이 중요 하답니다. 서로를 받아 들이고
인정하세요. 그리고 서로서로 도우면서 함께 좋은 팀을
이루기 바랍니다. 제발 나의 길이 또는 나의 방법만이
유일하다 또는 최선의 길이다 라고 하진 마세요.

3.

"Respect your efforts, respect yourself. Self-respect leads to self-discipline. When you have both firmly under your belt, that's real power." - Clint Eastwood

Pause and think about this, if you could put a price on yourself how much would you be? You simply cannot because you are priceless, one of a kind, special, and worth more than the world. I know, there are times where you do not feel like you are but always remember that you deserve respect especially from yourself. Remember you are priceless no matter what.

3.
"당신의 노력을 인정하십시오. 스스로를 존경하세요.
본인 스스로 존경하게 될때, 스스로를 훈련시키게 될
것입니다. 이 두가지를 당신의 허리춤에 단단히
매십시오. 그것이 바로 진짜 파워 입니다." - Clint
Eastwood

이렇게 한번 생각 해 봅시다. 당신이 만약 당신 스스로에게
가격표를 달아 준다면, 얼마를 적으실겁니까? 당신의
가치는 숫자로 매길 수 없답니다. 이것만으로도 당신
스스로를 존경해야 할 이유가 충분하다고 생각되지
않나요? 만약 당신이 스스로를 존경하지 않는다면, 누가
당신을 존경하겠습니까? 스스로를 귀하게 여기세요.
살다보면 때때로 본인 스스로가 가치없고, 쓸모없는
존재라고 느껴 질때가 종종 있을 수 있습니다. 그럴때, 꼭
기억 하십시오. 어떠한 상황에서든지, 당신은 가치 있는
존재라는 사실을.

4.

"Anger dwells only in the bosom of fools." - Albert Einstein

Anger is a normal human emotion. We may become angered because the printer jammed or someone at work is pushing all your buttons. Or maybe your car decided not to start up in the morning because the battery was drained. But as Albert Einstein states in his quote it is not smart to keep the anger we feel. Letting go is healthy and sometimes the best option. Letting go may be difficult so using other methods such as talking to a friend or going to the gym for a bit and letting off some steam are ways to relieve your soul from the negative emotion. There is no use in keeping a grudge against something or someone.

Anger is the root of evil, an emotion tatented for survival unchecked can lead to destruction of friendships and oneself. I believe it to be nesissry but without the right intent can swallow ones whole world.

4.

"분노는 미련한 사람의 가슴에 오래 머문답니다." - Albert Einstein

우리는 다 감정을 가지고 있습니다 (인간은 감정의
동물이죠) 때때로, 우리는 누군가에게 화를 내기도 하죠.
가끔 화를 낸다는 것은 자연스러운 감정의 표현입니다.
예를 들어 프린터에 종이가 끼었을때, 화가 납니다.
직장동료가 화를 나게 만들때도 있죠. (꼭 그런 사람이 내
주위에 한 사람은 있죠) 또는 바쁜 아침에 차가 시동이
걸리지 않을때도 있을 겁니다. 그럴때 우리는 화가 납니다.
아인슈타인은 조언하기를 분노를 마음에 가지고 있지
말라고 합니다. 만약 분노가 마음속에 있다면, 그것을
표현하고, 분노를 내 맘으로 부터 내어 버려야 합니다.
분노를 다루는데 있어서 지혜로운 사람이 되세요. 지금 내
맘속에 분노가 있다면, 내 이야기를 잘 들어 줄 수 있는
분을 찾아가 다 쏟아 놓으세요. 또는 헬스장에서 운동에
전념해 보세요. 중요한것은 내 마음속에 화를 가두어
놓아서는 안된다는 것입니다. 그건 당신의 영혼을 상하게
하는 일이기 때문입니다.

5.

"The only disability in life is a bad attitude."- Scott Hamilton

Scott S Hamilton is a retired American figure skater and Olympic gold medalist. He won four consecutive U.S. championships, four consecutive World Championships and a gold medal in the 1984 Olympics. He overcame his childhood illness. And became a winner of his life. If you change your bad attitude, your life will be changed and you will be a winner of your life.

Struggles, stresses, problems, Shortcomings, they all have a commonality, an outlook. We percieve everything so one Way to look at all of life is up to you. No one can force you to see life in a certain Way. Take your bad attitude and change it into something beautiful.

5.
"삶에 있어서 유일한 장애는 부정적인 태도 입니다." -
Scott Hamilton

스캇 헤밀턴은 은퇴한 피켜 스케이팅 선수 입니다. 그는
어릴적 장애를 극복하고, 네 번 연속으로 올림픽에
출전해서 금메달을 딴 유일한 선수 입니다. 그는 어릴적
장애를 이기고, 자기 인생의 승리자가 되었죠. 만약 당신이
부정적인 태도를 바꾼다면, 당신의 삶이 변화될 것입니다.
결국에는 삶의 승리자가 될것입니다.

6.

"We must learn to live together as brothers or perish together as fools." - Martin Luther King, Jr.

Everyone is different. Everyone was born a certain way that is unique. We live differently, have different points of views, and have walked through life in our own special way. Sometimes these differences can make us disagree with each other. But instead of yelling, screaming, and trying to win the argument I would like to encourage you all to try to understand and even accept the other person's point of view. It is not an easy task but I believe that by understanding others before passing judgment will help you grow as a person but also make the world a better place.

6.

"우리는 함께 형제 자매로써 사는 법을 배워야 합니다. 아니면 다 함께 바보 처럼 소멸될 것입니다." - **Martin Luther King, Jr.**

우리는 각 각 다른 사람들이 함께 모여 있습니다. 생각하는것도, 행동하는 것도, 그동안 살아온 방식도 다르죠. 이런 다른 점들이 때때로 불협화음을 만들어 내기도 합니다. 하지만 우리는 함께 사는 법을 배워야 합니다. 우리 주위에는 함께 일하기 힘든 사람들도 있죠. 저도 알아요. 하지만 그 사람을 이해하고 받아 들이도록 노력해 보세요. 결코 쉽지는 않겠지만, 일단 이해하고 그 모습 그대로 그 사람을 받아들이면, 우리는 함께 사는 법을 배운답니다. 그리고 당신은 내적으로 더욱 성숙된 사람이 될 것이고, 우리 사는 세상은 좀 더 나은 세상이 될것 입니다.

7.

"Talent is God-given. Be humble. Fame is man-given. Be grateful. A conceit is self-given. Be careful." - John Wooden

I would say that you better not boast about something given by God. That is not yours that is given. Pause and think about what you have today? I am sure that you will notice that, so many things are given. Please have a humble and grateful heart to God and others.

7.

"재능이란 하나님으로 부터 받은 것입니다.
겸손하세요. 명성이란 다른 사람들로 부터 주어 지는
것입니다. 감사하세요. 자부심은 스스로 가지게 되는
마음입니다. 조심하세요." - John Wooden

타고난 재능을 가지고 너무 자랑 하지 마세요 그것은
당신것이 아니라, 하나님으로 부터 주어진 것입니다. 잠시
멈추고 생각해 보세요. 오늘 내가 가지고 있는 것은
무엇인지? (꼭 물질적인 것만 뜻하는 것은 아닙니다.) 제
생각에는 당신은 무척 많은 것을 가지고 있다는 사실을
알게 될 것입니다. 그 중에 대부분은 주어진 것이죠.
그리고 늘 겸손한 마음, 그리고 감사한 마음을 가지세요.
하나님과 또 다른 사람들에게 말입니다.

8.

"The biggest disease today is not leprosy or tuberculosis, but rather the feeling of being unwanted."- Mother Teresa

There are days where you might feel like the world is against you and you are lower than the dirt you stand on. Everyone has those days but know when those days come to remind yourself that you are more precious than any amount of gold in the world. You were specially made and put on this earth for a reason. You have a purpose and are wanted.

Brothers and sisters when you see someone that may seem down give them words of encouragement and affirmation because if we were in their position we would want that as well.

8.

"오늘날 우리 사회에서 가장 큰 질병은 나병이나 결핵이 아닙니다. 오히려 내가 쓸모 없는 존재 처럼 느껴지 것입니다." - Mother Teresa

제 맘을 움직이는 말씀이네요. 형제 자매 여러분, 만약 당신이 나쁜 사람들과 함께 일하고 있다면, 아마도 스스로 쓸모 없는 존재 처럼 느껴 지실때가 있을 것입니다. 저도 잘 알아요. 제가 진실을 말씀 드릴께요. 당신은 절대로 쓸모없는 존재가 아닙니다. 오히려 당신은 아주 귀한 존재 입니다. 조물주의 손에 의해 만들어진, 목적이 있는 존재 입니다. 그 누구도 다른 사람으로 부터 쓸모 없는 존재로 취급 당하고 싶지 않습니다.
형제 자매 여러분 가끔씩 진실된 마음으로 감사한 마음을 동료에게 전해 보세요. 그 동료가 얼마나 귀한 존재인지 알게 될 것입니다.

9.

"No matter how educated, talented, rich, or cool you believe you are, how you treat people ultimately tells all. Integrity is everything." - Unknown

Try to become a person of integrity. You don't have a right to mistreat the people around you. Please don't do that. Treat others with dignity and respect. It will affect your team and your personal life as well. If you treat others right, you will see changes in your team and your life.

9.

"아무리 당신이 좋은 교육을 받고, 재능이 있고,
부자이며, 잘낫다고 스스로 믿는다 할지라도,
결국에는 당신이 다른 사람들을 어떻게 대하느냐
하는것이 당신에 대해서 모든것을 말해 줄 것입니다.
정직함 (성실함,고결함)이 모든것입니다." - Unknown

성실하고, 정직한 사람이 되기를 노력하십시오. 당신은
주위에 있는 다른 사람을 무시할 권리가 없습니다. 제발
심하게 대하지 마세요. 당신 주위에 있는 사람들을 존엄과
존경으로 대 하세요. 그렇게 하는 행동은 당신이 속한 팀에
영향을 끼치게 될것입니다. 그리고 당신의 개인의 삶 또한,
영향을 끼치게 될것입니다. 만약 당신이 다른 사람들을
인간의 존엄과 존중하는 마음으로 다른 사람들을
대한다면, 당신의 팀과 개인의 삶에 변화가 일어나는 것을
목격하게 될것입니다.

10.

"'Thank you' is the best prayer that anyone could say. I say that one a lot. Thank you expresses extreme gratitude, humility, and understanding." - Alice Walker

I like this. Sometimes, we don't express our gratitude to one another even though, we have a thankful heart towards them.

Brothers and sister, saying "Thank you" with a sincere heart, is very powerful, and simple words to touch other's heart. Why don't you try it to your husbands, wives, sons, daughters, and people around you?

10.

"감사합니다. 또는 고맙습니다. 라는 말은 누구나 할
수 있는 가장 좋은 기도 입니다. 저는 이 말을 많이
하죠. '감사합니다'는 최상의 감사와, 겸손과 이해를
표현 한답니다." - Alice Walker

이 말이 참 좋네요. 우리는 종종 다른이에게 감사한 마음이
있으면서도, 감사를 표현 하지 않을때가 있습니다.
형제 자매님들, 진실된 마음으로 부터 나오는 감사하다는
말에는 상당한 힘이 있습니다. 때로는 듣는 사람의 마음을
감동 시키기도 한 답니다. 오늘 남편에게, 아내에게,
아들에게, 딸에게, 그리고 여러분들 삶의 주위에 있는
분들에게 "감사합니다" 라고 한번 해 보시는건 어떨까요?

11.

"A character cannot be developed in ease and quiet. Only through experience of trial and suffering can the soul be strengthened, ambition inspired, and success achieved." - Helen Keller

Day by day we face some type of difficulties and trials. Some point in your lifetime, you might face extremely difficult troubles. Seems like my hope is gone and my soul is destroyed by the world. No one cares about me.

Brothers and sisters, be strong and take courage, don't give up, hang in there for you have reason to live and move on. It too will pass. One day, you will be able to share your experiences with someone who is in need of hope.

11.

"(고결한) 성품은 쉽고, 평안한 가운데서는 만들어 질 수 없습니다. 오직 어려움과 고통을 헤쳐 나갈때, 만들어 진답니다. 그러한 힘든 경험들은 당신의 영혼을 더 강하게 만들어 주고, 당신이 품은 뜻에 영감을 더 해 주며, 결국에는 성공을 이루어 낼 것입니다." - Helen Keller

우리는 하루하루 여러가지의 어려움과 힘든 일을 겪게 됩니다. 살다보면 어떤 때는 정말로 내 힘으로는 감당하기 힘든 어려운 일을 만나게 될때도 있죠. 마치 내 희망은 없어져 버리고, 내 영혼은 완전히 파괴된 듯한 느낌을 받게 될때도 있습니다. 아무도 나를 생각해 주지도 않는 것 같죠 형제 자매님들, 힘을 내십시오 그리고 용기를 가지세요. 결코 포기 하지 마시고, 끝까지 버티세요. 왜냐하면 우리 모두는 살아야할 이유가 있는 존재이기 때문입니다. 이 또한 지나갈 것이고, 훗날 희망이 필요한 누군가에게 당신의 귀한 경험을 나누게 될 날이 올것이기 때문입니다.

12.

"I can accept failure, everyone fails at something. But I can't accept not trying." - Michael Jordan

Brothers and sisters, please don't be afraid to fail. Yes, everyone fails at something and at some point in life in time. Don't just give up because you fail once. If you fail, learn the lesson(s) from it, stand up and move forward. That is what a winner does.

12.

"저는 실패는 받아 들일 수 있습니다. 왜냐하면 모든
사람이 때때로 실패를 하기 때문이죠. 하지만
도전하지 않고 포기하는 것은 받아 들일 수 없습니다."
- Michael Jordan

형제 자매님들, 실패하는 것을 두려워 하지 마세요.
그렇습니다. 우리가 살다보면, 어느땐가, 누구나 무엇엔가
실패를 경험하게 됩니다. 한번 실패를 맛보았다고 해서
포기 하지 마세요. 만약 내가 실패를 경험한다면, 그
실패를 통해서 교훈을 얻으세요. 그리고 다시 일어 나세요
그리고 앞으로 전진 하십시오. 그것이 바로 승리자의 태도
입니다.

13.

"Do not boast about tomorrow, for you do not know what a day may bring forth." - Proverbs 27:1

Yes, it is very true. September 11, 2001, No one expects terrorist attacks by the Islamic terrorist group. 2,996 innocent people died and over 6,000 people were injured. No one knows what is going to happen tomorrow. That is why this moment is so valuable. And the people around you are so precious. We live day by day. Just think this way, what if today is only given day to my life. If so, when you see your loved one, you may see them differently. Do not waste the precious time of your life.

13.

"내일 일을 자랑하지 마세요 하루동안에 무슨 일이
일어날줄 아무도 모릅니다." - Proverbs 27:1

정말 맞는 말이네요. 2001 년 9 월 11 일, 그 누구도 미국이
이슬람 극단주의자 테러리스트의 공격을 받을 것이라고
상상도 못했습니다. 이로 인해 2 천 996 명이 사망하였고,
6 천명이 넘는 부상자가 생겼습니다. 아무도 내일
어떤일이 일어날지 모릅니다. 그래서 오늘 이 순간 순간이
너무 가치 있는 것입니다. 그리고 내 주위에 있는 사람들이
무척 소중하죠. 우리는 하루 하루 살아 갑니다. 한번
이렇게 생각해 보세요. 만약 오늘이 내게 주어진 마지막
날이라고 한다면, 내 소중한 사람을 보는 눈이 달라질
것입니다. 당신의 소중한 인생의 시간을 낭비하지 마세요.

14.

"Life is an exciting business, and most exciting when it is lived for others."- Helen Keller

She said life is an exciting business. She couldn't even see nor hear either, but she said it. Your life must be exciting. If you do not experience something exciting in your life, listen to her and do something for others. Then you can replace the experience of being bored.

14.

"삶이란 아주 신나는 비즈니스 입니다. 게다가 삶에
있어서 가장 신나는 일은 다른 사람을 위한 삶을 살때
입니다." - Helen Keller

헬렌켈러는 말하기를 삶이란 신나는 일이라고 했습니다.
그녀는 보지도 듣지도 못하는 여자 였습니다. 그러나
그렇게 말했죠. 당신의 삶도 아주 신나는 인생이여야만
합니다. 아직도 삶면서 흥분되거나 신나는 일을 경험하지
못했다면, 그녀의 말을 잘 들어 보세요. 그리고 타인을
위해서 무엇인가를 해 보세요. 그러면 당신은 더이상
지루한 삶을 살지 않을 것입니다.

15.

"Gratitude changes the pangs of memory into a tranquil joy." – Dietrich Bonhoeffer

Have you ever thought about something with gratitude? What do you think? How many things you could be grateful for in your life? I am sure that you have something to be grateful for to others, to God or to yourself. I would like to encourage you to find something to be grateful for every day. I am grateful to serve Team 19.

15.

"감사는 나의 아픈 기억을 평안한 기쁨으로 바꾸어
준답니다." – Dietrich Bonhoeffer

무엇인가 감사할 것에 대해서 생각해 보셨나요? 당신의
생각은 어떻습니까? 얼마나 많은 감사의 조건들이 당신의
삶에 있나요? 제 생각에는 분명히 무엇인가 감사 할
것들이 있을 거라고 생각 합니다. 주위에 있는 사람들
누군가에게 감사 할 것들이 있을 수도 있구요. 하나님께
감사할 것 이 있을 수도 있고, 또는 본인 스스로에게
감사할 것이 있을 수 있습니다. 제가 추천 드리기는
무엇인가 감사한 것을 매일 매일 찾아 보세요. 개인적으로
저는 19 지원사령부에서 일하게 된것을 진심으로
감사하게 생각합니다. 감사한 하루 되시기 바랍니다.

16.

"You are braver than you believe. Stronger than you seem. And smarter than you think." -A.A. Milne

My daughter loves Disney so today's quote comes from her favorite Disney character Winnie the Pooh. Self-worth is something only you can give yourself and find on your own. Sometimes, you may feel like you are worthless or nothing. Some people underappreciate or try to devalue you. But the fact is that no matter what, your value never changes.

16.

"당신은 당신이 생각하는 것보다 더 용기 있는
사람입니다. 당신은 더 강한 존재이며, 더 똑똑 한
사람입니다." - A.A. Milne

제 딸이 디즈니 캐릭터를 참 좋아 합니다. 그래서, 위니더
푸우에 나오는 말을 준비했네요. 자기가 자기 스스로의
가치를 인정하는 것은 남들이 해 줄 수 있는 부분이
아닙니다. 오직 내 자신만이 할 수 있습니다. 인생을
살다보면, 때때로, 내 스스로 쓸모없이 느껴질때가 있죠.
그리고 내 주위에 있는 사람들로 부터 상처를 받을 때가
종종 있습니다. 하지만, 진실은 이렇습니다. 어떠한
상황이나, 주위 사람들로 부터 어떠한 평가를 받는다
할지라도, 나 자신의 가치는 변하지 않는 다는 것입니다.

17.

"Beware the barrenness of a busy life." - Socrates

Socrates (BC 469-399) said this more than 2000 years ago. They didn't have TV, Cars, Internet, and iPhone either at that time. Today, we live a very busy life. There are so many things made us live busy. Sometimes, we need to pause and think about the meaning of life and ask "why" to ourselves. Without doing that you don't even know you live right or not.

17.

"너무 바쁘게 살다 보면 삶이 황량해 질 수 있다는
사실을 경계 하십시오." - Socrates

소크라테스가(기원전 469-399) 2000 년도 훨씬 전에 이런
말을 했다는 것이 놀랍습니다. 그때는 텔레비젼도, 차도,
인터넷도, 그리고 아이폰도 없을때였습니다. 오늘날
우리는 너무나 바쁜 삶을 살고 있습니다. 너무 많은것들이
우리를 바쁘게 살게 만듭니다. 때로는 우리는 잠깐 멈추고
생각해 보아야만 합니다. 진정한 삶의 의미에 대해서,
그리고 "왜" 라는 질문을 우리 스스로에게 해 봐야 합니다.
그렇지 않고 계속 바쁘게만 산다면, 우리가 인생을 제대로
사는지도 모른채로 살아가게 될 것입니다.

18.

"Grace is given to heal the spiritually sick, not to decorate spiritual heroes" -Martin Luther

We go to the hospital when we are sick. Where do you go when your heart and soul is sick? If you have a broken heart, you need grace from a spiritual doctor, God.

Brothers and sisters, how are you doing in spirit? You may need God's grace and love in your life. Then ask Him, He will pour out His abundant grace upon your life.

18.

"은혜는 영적인 히어로들을 꾸미기 위해서 주어지는 것이 아니라, 영적으로 아픈 사람을 치료하기 위해서 주어 진답니다." - Martin Luther

우리가 몸이 아플때는 병원에 갑니다. 당신이 영혼이 아플때는 어디를 가시나요? 만약 당신이 깨진 마음을 가지고 있다면, 영의 의사이신 하나님이 필요합니다. 형제 자매 여러분, 오늘 당신의 영혼은 어떤가요? 아마 하나님의 은혜와 사랑이 필요하지 않은지요? 그렇다면, 그의 은혜를 구하시기 바랍니다. 그러면, 그분은 당신에게 크신 은혜를 아낌없이 주실 것입니다.

19.

**"Leaders, you have to earn trust. It is not given." -
CSM Chaplin**

Leaders are the center of our organization. People follow
their leadership. In that case, trust is one of the core
elements of leadership. The fact is that people open up to
the one who is trustworthy. It is human nature, people
will not open up to a person who is not trustworthy.
Leaders must earn the trust from people. It is not
automatically given. If our leaders strive to earn trust, our
Team 19 will be stronger.

19.

"리더에게 말씀드립니다. 신뢰를 얻으십시오. 그것은 거저 주어지는 것이 아닙니다." - CSM Chaplin

리더는 조직에 중앙에 있는 중요한 사람입니다. 주위 사람들은 리더를 따르고, 그 리더십에 의해 움직입니다. 이렇게 볼때, 신뢰라는 것은 리더십에서 아주 중요한 요소입니다. 사실, 사람들은 믿을만한 사람에게 마음을 열게 되어 있습니다. 이것은 사람의 본성입니다. 믿지 못할 사람에게는 마음을 열지 않죠. 리더는 사람들로 부터 신뢰를 얻어야 합니다. 신뢰는 그냥 자동적으로 주어지는것이 아닙니다. 만약 당신(리더)가 신뢰를 얻으려 노력한다면, 우리 팀 19 은 더 강한 조직으로 변화될 것입니다.

20.

**"The greatest wealth is to live content with little."-
Plato**

Do you want to be rich? You may want to ask, why do
you want to be rich? And think about this, do you know
how much money will be enough for you to think you're
wealthy? You know what; it all depends on what you
think and how you define wealth. Brothers and sisters
learn how to be content with little, then you will be well
content.

20.

**"가장큰 재산은 작은것에 만족하며 사는 것입니다"-
Plato**

부자가 되고 싶으십니까? 왜 부자가 되고 싶은지 본인에게
질문해 보시기 바랍니다. 그리고 생각해 보세요. 얼마나
많은 돈을 가져야 스스로 생각하기에 부자가 되었다고
생각 할 수 있을까요? 이 모든것은 당신이 무엇을 어떻게
생각하고, 부 라는 것을 어떻게 정의 하느냐에 달려
있습니다. 형제 자매님들 작은것부터 만족하는 법을
배우세요. 그러면 당신은 만족하는 삶을 살게 될 것입니다.

21.

"Teamwork makes the dream work, but a vision becomes a nightmare when the leader has a big dream and a bad team." - John C. Maxwell

Please do not underestimate the power of teamwork. Also, do not underestimate the importance of your participation in your team. Don't say "I am just nobody." Because you are not nobody but somebody in this great organization. Team 19!

21.

"팀웍은 꿈을 이루게 해 줍니다. 그러나 비젼이 악몽이
되는 경우가 있죠. 그것은 바로 큰 꿈을 가진 리더가
있다하더라도, 그가 이끄는 팀이 좋지 않을 경우에
그렇습니다." - **John C. Maxwell**

제발 팀웍의 파워를 과소 평가 하지 마십시오. 그리고 그
팀 안에 있는 당신의 존재에 대한 중요성 또한 과소평가
하지 마십시오. "나는 그냥 매일 매일 시간이나 때우는
사람이야" 라고 말하지 마십시오. 왜냐하면, 당신은
보잘것 없는 사람이 아니라 (아주 대단한)우리 조직에서
아주 중요한 사람이기 때문입니다. 팀 19!

22.

"Only the broken-hearted know the truth about love." - Mason Cooley

It is short but deep. Love is not just a feeling. What is the truth about love? Do you know that? Some point of your life, you will experience a heartbreaking moment. I know it is painful. Sometimes, you may feel like, there is no hope in your life. But the truth is that only the broken-hearted know the truth about love. If you never taste sour, you will never know the true taste of the sweetness of life.

22.

"오직 깨어진 마음을 가진 사람만 진정한 사랑을 알 수 있답니다." – **Mason Cooley**

아주 짧지만 깊은 의미의 말이네요. 사랑이란 단순한 감정이 아닙니다. 진정한 사랑이 무엇이라고 생각 하시나요? 진정한 사랑에 대해서 아시나요? 인생을 살다보면 가슴 아픈 일들을 경험하게 됩니다. 저도 잘 알고 있어요. 너무 너무 힘들고 아프다는 것을, 때로는 내 삶에 희망이 보이지 않는 것 처럼 느껴질 때도 있죠. 그러나 진실은 이렇습니다. 오직 깨어진 마음을 가진 사람만 진정한 사랑을 알 수 있답니다. 당신이 만약에 신 맛을 경험하지 못했다면, 당신은 결코 인생의 진정한 단맛을 알 수 없답니다.

23.

"Do not impose on others what you yourself do not desire." - Confucius

If you don't like to do something, do not impose on others to do. For they don't like to do that either. Leaders, you should have a heart of empathy and consideration for others. Lead them with your true heart, not by your position or rank. That is true leadership.

23.

"자신이 하기 싫은 일은 남에게 강제로 시키지
마십시오." - Confucius

만약에 당신이 무엇인가 하기 싫은 것이 있다면, 다른
사람에게 강요하지 마시기 바랍니다. 왜냐하면 그
사람들도 하기 싫기 때문이죠. 리더는 공감하는 마음과
배려하는 마음을 가져야 합니다. 자기의 지위와 계급으로
사람들을 이끄려고 하지 마시고, 진정한 마음으로
이끄시기 바랍니다. 그것이 바로 진정한 리더십입니다.

24.

"Never forget the three powerful resources you always have available to you: love, prayer, and forgiveness." - H. Jackson Brown, Jr.

It will be a great benefit to know that there are powerful resources to your life. You know of these resources. If you don't use them, they're of not much benefit to your life. You can love people around you even your mean boss. You can pray for him or her. You can forgive someone whom hurt you. I know it is not always easy to put these resources to use. It might be very difficult or painful, but still, love, prayer, and forgiveness are mighty powerful resources for you.

24.

"당신에게는 절대로 잊지 말아야 할 세 가지의 강력한 자원이 있습니다. 그리고 그것은 당신이 언제든지 사용할 수 있죠. 그건 바로, 사랑, 기도, 그리고 용서 입니다." - H. Jackson Brown, Jr.

당신의 삶에 유용한 자원이 있다는 사실을 안다는 것은 매우 유익합니다. 하지만 그 자원을 사용하지 않는다면, 당신의 삶에 아무런 유익이 없을 것 입니다. 당신은 주위에 있는 사람들을 사랑할 수 있습니다. 심지어는 당신에게 친절하지 않은 상사라고 할지라도. 당신은 그사람을 위해 기도 할 수 있습니다. 또한 당신은 당신에게 상처를 준 사람을 용서 할 수 있습니다. 물론 이런 일을 한다는 것이 쉽지 않습니다. 오히려 너무 어렵죠. 그리고 어떤때는 너무 아픕니다. 하지만 사랑, 기도, 용서는 당신의 삶에 있어서 아주 강하고, 유용한 자원임에는 틀림 없습니다.

25.

"Good character is not formed in a week or a month. It is created little by little, day by day. Protracted and patient effort is needed to develop good character." - Heraclitus

Everyone would like to work with someone who has a good character. I am very thankful for that. You may want to meditate about yourself and assess your character. Remember, in order to become a person who has a good character, it will take a long time and patient effort in life. For a good character never made in a day but it is life long process.

25.

**"좋은 성품은 하루아침에 (한 주나, 한달 안에) 만들어
지지 않습니다. 아주 조금씩 조금씩 매일 매일
만들어져 나가는 것입니다. 그리고 좋은 성품을
가지기 위해서는 긴 시간과 힘든 노력이 필요 합니다."
- Heraclitus**

모든 사람이 성품이 좋은 사람과 함께 일하고 싶어 합니다.
한번 본인에 대해서 되돌아 보시기 바랍니다. 그리고
본인의 성품에 대해서 평가해 보세요. 그리고 기억하세요.
좋은 성품을 가진 사람이 되기 위해서는 긴 시간과 인내의
노력이 필요합니다. 왜냐하면, 좋은 성품은 하루 아침에
만들어 지지 않습니다. 오히려 인생전반에 걸쳐
만들어지는 것입니다.

26.

"Feeling gratitude and not expressing it is like wrapping a present and not giving it." - William Arthur Ward

If you're grateful to someone, you have to express it or just say "Thank you!" It will make his or her day. Pause and think about who you would like to show your gratitude. Pick up the phone and say "Thank you" with a sincere heart. Don't be shy and do it now.

26.

"누군가에게 감사하는 마음이 있지만 표현 하지 않는 것은 마치 선물을 예쁘게 포장하고 난 다음, 주시 않는것과 같습니다. " - William Arthur Ward

만약 당신 마음에 누군가를 향한 감사한 마음이 있다면 표현하세요. 또는 "감사해요, 고마워요" 라고 하세요. 그 말로 인해 그 사람은 하루가 행복할 것입니다. 잠깐 하던 일을 멈추고 생각해 보세요. 누구에게 나의 감사한 마음을 전할것인지. 전화기를 들고 전화를 걸어 보세요. 그리고 진심을 담아 말하세요. "고마워, 감사해요" 라고. 부끄러워 할 필요 없어요. 지금 해 보세요.

27.

"Step by step and the thing is done."- Charles Atlas

Sometimes, you may feel like that you are facing big mountains on your way. You might be intimidated, feared, or overwhelmed. At that moment, just take one step forward at a time. Step by step moves forward. I know it is not easy, but if you keep moving forward, you will find yourself standing on top of that big mountain.

Digress: I have finished my master's degree in 4 and a half years. Most of the other people finished in 3 years. At that time, I had to work 2 jobs and part-time pastor in a local church. Some point, I was so tired almost giving up my study. But one of my buddies advised me that "Pastor Min, just take one class but don't stop your study." At last, I have finished my master's degree in 4 and a half year.

27.

**"한걸음씩 한걸음씩 결국에는 목표를 이루게
될것입니다." - Charles Atlas**

살다보면, 때로는 나의 앞길에 큰 산이 가로 막고 있는
느낌을 받을 때가 있습니다. 아마 당신은 그로 인해서
위협적인 느낌이나, 두려움이나, 또는 위압감을 느낄 수도
있습니다. (과연 내가 이 산을 오를 수 있을까?) 바로 그때,
그냥 한 발자국씩 앞으로 내 딛으십시오. 한걸음씩
한걸음씩...... 그 길이 쉽지는 않을 것입니다. 하지만
계속해서 앞으로 한걸음씩 전진 하세요. 그러면, 어느
순간엔가 그 산의 정상에 우뚝 서있는 본인을 발견하게 될
것입니다.

여담: 저는 석사 학위를 4 년 반에 마쳤습니다. 보통
사람들은 3 년 안에 마치는 학위입니다. 그때 저는
아르바이트를 2 개를 하면서, 교회에서 파트타임 목사로
일하고 있었습니다. 하루는 너무 힘들어서, 공부를
포기할까 생각한 적이 있었습니다. 그때, 제 친구 중
하나가 충고를 해 주었습니다. "민목사님, 한 클래스만
들으세요, 하지만 공부는 중단하지는 마세요." 결국 저는
4 년반만에, 석사를 끝낼 수 있었습니다.

28.

"The mouth of the upright man is a fountain of life, but the mouth of the evil-doer is a bitter cup." – Proverbs 10:11

The average woman speaks about 25,000 words a day. A man speaks about 10,000 words a day. We speak a lot of words every day. As you know words from your mouth have power. Actually, whatever you say to others, can touch their feelings and soul. You should pause and think what kind of words you speak to others? I encourage you to speak kind words to your buddies. It will make his or her day.

28.

"의인의 입은 생명 샘입니다. 하지만 악인의 입은 독을 담은 잔입니다." - Proverbs 10:11

평균적으로 여자는 약 25,000 단어, 그리고 남자는 약 10,000 단어를 하루에 말 한다고 합니다. 생각해보면, 우리는 참 많은 말을 하는데요. 아시다 시피 우리가 사용하는 말에는 힘이 있습니다. 사실 우리가 하는 말은 다른 사람의 감정이나, 영혼을 터치하게 됩니다. 잠깐 생각하는 시간을 가져 보세요. 오늘 나는 어떤 말을 다른 사람들에게 하고 있는지. 지금 나와 함께 일하는 동료에게 친절한 말 한마디를 해 보는 것은 어떨까요. 그 말 한마디에 그 친구는 하루를 행복하게 지내게 될 것입니다.

29.

**"The most important thing in communication is
hearing what isn't said." - Peter Drucker**

It sounds like; you must be a mind reader in order to
communicate with others. But it is not. If you open your
mind, look into her/his eyes, with compassion and love,
you will hear the voice you never heard before. Try it.
You will hear it.

29.

"소통에 있어서 가장 중요한것은 말로하지 않은것을 (말로는 표현되지 않는 부분을) 듣는 것입니다." - Peter Drucker

오늘의 말씀은, 소통을 잘 하려면, 마치 당신이 독심술사라도 되어야 하는 것 처럼 들릴 수도 있습니다. 하지만 그건 아니구요. 만약 당신이 마음을 열고, 긍휼하는 마음, 사랑하는 마음으로 그 사람의 눈을 바라보고, 소통을 한다면 이전에는 듣지 못한 소릴 듣게 될것입니다. 한 번 해 보세요. 그럼 들릴겁니다.

30.

"Sir, my concern is not whether God is on our side; my greatest concern is to be on God's side, for God is always right." - Abraham Lincoln

What is your concern? If your concern, God is on your side or not, that is a self-centered point of view. Another question, are you always right? All of the decisions you made in your past were always right? Abraham Lincoln has God-centered point of view. He also said the reason, for God, is always right. You may not want to admit but we are not perfect being but God is perfect.

Brothers and sisters, humble yourself and change your point of view from self-centered to God-centered. If you do so, you will see a whole new world.

30.

"Sir, 저의 관심사는 하나님이 우리편이냐, 아니냐가 아닙니다. 저의 가장 큰 관심사는 내가 하나님의 편에 서 있느냐 하는 것입니다. 왜냐하면, 하나님은 항상 옳기 때문입니다." - Abraham Lincoln

당신의 (인생의)관심사는 무엇인가요? 만약 당신이 하나님이 내편인지 아닌지를 고민한다면, 그것은 극히 자기 중심적인 관점의 생각 입니다. 다른 질문을 드리겠습니다. 당신은 항상 옳은가요? 과거에 내가 내린 결정들은 다 옳은 것이었나요? 아브라함 링컨은 하나님 중심의 관점을 가지고 있었습니다 그리고 그 이유에 대해서 말하기를, 하나님은 항상 옳기 때문이라고 했습니다. 당신이 인정하기는 싫으시겠지만, 우리 (인간)는 완벽한 존재가 아닙니다. (오히려 실수를 많이 하죠) 하지만 하나님은 완전한 존재 입니다.

형제 자매 여러분, 스스로 겸손하시기 바랍니다. 그리고 자기 중심적 관점을 하나님 중심으로 바꾸시기 바랍니다. 그렇게 한다면, 이전에는 볼수 없었던 완전히 다른 세상을 보게 될 것입니다.

31.

"This is deep." - From the Facebook post.

1250 Facebook Friends

589 Twitter Followers

742 Whatsapp Friends

Still

Outside the ICU he had

Only his wife, children, and his parents.

From whom, he never had time to spend

So,

Dear Friends, move out of the imaginary world and Spend time with YOUR

FAMILY.

31.

"의미심장" - 저의 페북에 올라온 포스트 입니다.

1250 명의 페북 친구들

589 명의 트위터 팔로워들

742 명의 왓섭 앱 친구들 (이 앱을 모르겠네요)

이후 (아직)

중환자실 밖에는 그의 아내와 아이들 그리고 그의 부모밖에 없습니다. 그동안

함께 시간을 보내지 못했던......

그래서 말합니다.

존경하는 친구들, 상상의 세계에서 빠져 나오시기 바랍니다.. 그리고 당신의 (소중한) 가족들과 시간을 보내시기 바랍니다.

32.

"The roots of education are bitter, but the fruit is sweet." – Aristotle

This principle could be applying to not only education but also our lives. We all are going to taste bitterness in some point of life journey. But you got to remember the fruit is sweet in a result. Don't quit. Keep moving forward until harvesting the fruit of your life.

32.

**"배움의 뿌리는 신맛이 나죠. 하지만 그 열매는
달아요." – Aristotle**

이 원리는 단지 교육에만 적용되는 것 같지 않습니다. 우리
삶에도 적용되는 것 같네요. 살다보면 누구나 다 인생의 신
맛을 경험하게 됩니다. 그러나 이것만은 기억 하십시오. 그
열매는 달다는 사실을. 중간에 그만 두지 마세요. 계속해서
앞으로 나아가십시오. 당신 인생의 열매를 수확할때까지
말입니다.

33.

"There is no greater agony than bearing an untold story inside you." — Maya Angelou

Today, this quote just touched my heart. When I was at the Fort Riley, so many young precious Soldiers committed suicide. We had memorial ceremonies every week. I felt sorry to Soldiers and their families left behind. In my mind, how heavy their burden was in their heart, they choose to end of their precious lives.

Brothers and sisters, everyone, I say again, everyone has their own burdens in their heart. Yes, it is, "there is no greater agony than bearing an untold story inside you." You need someone to talk. Please don't say that I am not, for you do not know what is going to happen tomorrow. The only way to lighten the burden in your heart is talking to someone whom you trust. If you don't have anyone to talk, you can come to my office I will sit next to you and listen. Also I will have a cup of coffee with you.

Thought of The Day 100

33.

"말하지 못한 이야기를 마음속에 억지로 참고 있는 것 만큼 힘든 고통은 없습니다." — Maya Angelou

오늘 이 구절이 저의 마음을 터치 하네요. 제가 포트 랄리에 있을때 일입니다. 너무나 많은, 아까운 젊은 병사들이 자살을 했습니다. 그래서 거의 매주 추모 예식을 했었습니다. 저는 그 병사들과 남아 있는 가족들을 생각하며, 무척이나 마음이 아팠습니다. 그러면서 제 마음에 생각하기를 얼마나 힘든일이 그 마음을 짓누르고 있었으면 목숨을 끊을 생각을 했을까 했습니다.

형제 자매 여러분, 모든 사람은, 다시 말하겠습니다, 모든 사람은 마음속에 짐을 가지고 삽니다. 정말로 맞는 말입니다. 말하지 못한 이야기를 마음속에 억지로 참고 있는 것 만큼 힘든 고통은 없습니다. 당신은 이야기를 털어 놓을 누군가가 당신 인생에 꼭 필요합니다. 제발 나는 아니야, 괜찮아 라고 말하지 마세요. 왜냐하면, 당신은 내일 일을 알지 못하기 때문입니다. 내 마음속의 짐을 가볍게 하는 유일한 방법은 내가 믿을 수 있는 누군가에게 나의 마음속의 이야기를 털어 놓는 것입니다. 만약 당신 주위에 말할 수 있는 사람이 아무도 없다면, 제 사무실에 오시기 바랍니다. 제가 당신의 옆에 앉아서 이야기를 들어 드리겠습니다. 그리고 커피 한잔 대접해 드리겠습니다.

Thought of The Day 100

34.

"Most people say that it is the intellect which makes a great scientist. They are wrong: it is a character." - Albert Einstein

Albert Einstein said this. It could apply to every aspect of our lives. How about leadership? Whom would you like to follow? Would you like to work with a smart boss or good looking? To me, I would like to work with one who has a good character. A good character makes a difference. True leadership comes from a good character just like a good character makes a great scientist.

34.

"많은 사람들은 지성(이성, 지적인)이 좋은 과학자를
만든다고 생각합니다. 하지만 그것은 잘못된
생각입니다. 좋은 과학자를 만드는 것은 지성이
아니라 성품입니다." - **Albert Einstein**

알버트 아인 슈타인이 이런 말을 했네요. 이 말은 우리의
삶에 여러면에 적용할 수 있습니다. 리더쉽은 어떨까요?
당신은 누구를 따르고 싶나요? 당신은 어떤 보스와 함께
일하고 싶나요? (똑똑한 보스, 또는 잘생긴 보스) 저는
성품(인격)이 좋은 상사와 일하고 싶습니다. 좋은
성품(인격)은 뭔가 (일하는 환경, 더 나가서 사람을) 를
변화 시킵니다. 진정한 리더쉽은 좋은 성품에서 나옵니다
마치 좋은 성품이 좋은 과학자를 만들듯이 말입니다.

35.

"Fearless, hope more, eat less, chew more, whine less, breath more, talk less, listen more, hate less, love more, and good things will be yours." – Swedish Proverb

It sounds simple but deep. I hope you practice them and be happy.

35.

"너무 두려워 하지 마십시오. 희망을 가지세요. 음식은
좀 적게 드시고, 오래 씹으세요. 평소에 불평은 좀
줄이시고, 숨을 크게 자주 들이키시기 바랍니다.
그리고 주위 사람들에게 말을 많이 하기 보다는
그들의 말에 좀더 귀를 기울이시는건 어떨까요.
미움은 멀리하시고, 나와 가까이 있는 사람부터 더
사랑해 주세요. 그러면 당신의 인생에 좋은 일들이
많이 생길겁니다." – Swedish Proverb

(한국말은 좀 의역을 했습니다.)

아주 간단한 말인것 같지만, 인생의 깊이가 있는
격언입니다. 바라기는 이격언을 맘에 세기시고, 하나씩
실천해 보세요. 그리고 행복하세요.

36.

"If we do not plant knowledge when young, it will give you no shade when we are old." – Lord Chesterfield

It talks about your retirement of your life. A good retirement plan takes some time, effort and commitment. Many of you have some sort of retirement plan financially. How about your mind and soul? My recommendation is that you should consider what you are planting every day. At the end of your life, you will experience the results of it either sweet or bitter. Remember, for whatever seed a man puts in, that will he get back as grain.

36.

"만약 당신이 젊었을때 지식을 심지 않는다면,
나이들어서는 당신의 인생에는 쉴수 있는 그늘이 없을
것입니다." – Lord Chesterfield

오늘의 말씀은 꼭 은퇴계획을 말하는것 같네요. 좋은 은퇴
계획을 만들기 위해서는 시간과 노력, 그리고 헌신이
필요합니다. 여러분중에 많은 분들이 재정적으로는 은퇴
계획을 이미 하고 계실겁니다. 그렇다면, 당신의 마음과
영혼에 대한 은퇴계획은 있으신가요? 저의 추천은
이렇습니다. 매일 매일 내가 무엇을 심고 있는지 심각하게
생각 해 보십시오. 인생의 황혼기에 당신이 젊었을때 심어
놓았던것을 거두게 될것입니다. 당신이 어떤것을
심었느냐에 따라서, 그 열매는 달콤 할 수도 있고 쓴맛일
수도 있습니다. 이것 만은 기억하세요 사람이 무엇으로
심든지, 심은대로 거두게 될것입니다.

37.

"Nobody cares how much you know until they know how much you care." – Theodore Roosevelt

Think about when you were in middle or high school. And think about all the teachers you can remember now. You may not remember a teacher, who taught you well or what he or she taught you. But you will remember a teacher, who cared about you. In a hospital, if you are a caregiver. Patients may not understand or recognize your skills or degree, but they will remember and appreciate your care and smile. Just like this, in your workplace, people may not recognize your leadership until they know genuinely how much you care. In another word, if they see and know your genuine heart for them, they will go extra mile for you.

37.

"사람들은 당신이 뭘 얼마나 알고 있는 지에는 관심이 없어요. 당신의 진심을 알게 되기 전까지는 말이죠." – **Theodore Roosevelt**

여러분이 중 고등학교를 다닐때를 한번 생각해 보세요. 그리고 지나온 선생님들을 기억속에 떠 올려 보세요. 지금 아마 공부를 잘 가르치거나 많이 알고 있는 선생님을 기억하기 보다는 나를 돌보아주고 사랑해 준 선생님이 먼저 생각 날 것입니다. 만약 당신이 병원에서 일하는 의사나, 간호사라고 할때, 환자들의 입장에서 본다면, 당신의 기술이나, 자격증에 대해서 관심있어 하지는 않을 것입니다. 오히려 당신의 정성스런 돌봄과 미소를 기억하고 고마워 할 것입니다. 이와 같이 우리가 일하는 직장에서, 사람들은 당신이 진심으로 (배려) 대하지 않는다면, 당신의 리더십을 인정하지 않을 수도 있습니다. 이를 다른말로 하자면, 만약 그들이 당신의 진정어린 마음을 보고 알게 된다면, (당신이 말하지 않아도) 당신을 위해 최선을 다 하게 될 것입니다.

38.

"Happiness depends upon ourselves." - Aristotle

What do you think that where happiness comes from? It is from you. No one can make you happy or deliver happiness to you unless set your mind to be happy. Happiness is the thing that you create and enjoy. If you set your mind to be happy, no one can take your happiness from you.

38.

"행복이란 우리에게 달려 있다." - **Aristotle**

행복은 어디에서 온다고 생각하시나요? 그것은 바로
당신에게서 시작 된답니다. 그 누구도 당신을 행복하게
할수도 없고, 행복을 전달해 줄 수 없습니다. 만약 당신이
행복해 지기로 결심하지 않았다면 말입니다. 행복이란
당신이 만들고 즐길수 있는 것입니다. 만약 당신이 오늘
행복해 지기로 결심하셨다면, 그 누구도 당신의 행복을
빼앗아 갈 수 없습니다.

39.

I went to funeral home recently. I got there and paid my respect and met a family. I felt very sorry for the family. Please listen, brothers and sisters. Sometimes, you may feel unwanted or useless of yourself. But the fact is no matter what your value never changes. I would like to share a story of "The 100 Dollar Bill"

A well-known speaker started off his seminar by holding up a$100 bills in a room of 200 people, and asked, "Who would like this $100 bill?"

Hands started going up.

He said, "I am going to give this $100 bill to one of you, but first let me do this...."

He proceeded to crumple the $100 up.

He then asked, "Who still wants it?"

Still, the hands were up in the air.

"Well".....he replied,

"What if I do this?"......and he dropped it on the ground and started to grind it into the floor with his shoe.

He picked it up, now crumpled and dirty. "Now who still wants it?" he asked. Hands still shot up!

"My friends, you have all learned a very valuable lesson. No matter what I did to the money, you still wanted it...because it did not decrease in value. It was still worth $100."

Many times in our lives, we are dropped, crumpled, and ground into the dirt, by the decisions we make, and the circumstances that come our way.

We feel as though we are worthless. But no matter what has happened or what will happen, you never lose your value!

Dirty....clean.....crumpled....or finely creased..... you are still priceless to those who love you.

(Preference Source: http://azams-aspirational-views.blogspot.com/2011/07/100-dollar-bill-motivation-story.html)

The worth of our lives comes not in what we do or who we know, but by WHO WE ARE. You are special. Don't ever forget it. Count your blessings NOT your problems. Cheers!

39.

최근에 장례식장을 다녀 왔습니다. 가서 고인에게 예를
드리고, 가족들을 만났습니다. 남은 가족들을 볼때 제
마음은 무척이나 슬펐습니다.

형제, 자매님 제 말에 귀를 기울여 주세요. 살다보면,
때때로, 내 자신이 불필요하고, 아무데도 쓸모없는 존재로
느껴 지기도 합니다. 그러나 진실은 어떠한 경우에도
당신의 가치는 결코 변하지 않는다는 사실입니다. 오늘
저는 "100 달러" 이야기를 나누고 싶습니다.

어느 유명한 강사가 이제 막 세미나를 시작하려 합니다.
그때, 그 강사는 100 달러 지폐를 손에 쥐고 있었습니다.
그리고 약 200 명 정도 모인 사람들 앞에서 이렇게 질문을
합니다.

"여기서 이 100 달러를 가지고 싶은 사람있습니까?"

그러자 많은 사람이 손을 들었습니다.

그는 이렇게 말했습니다. "제가 여기 있는 어느 한분에게
이 100 달러를 드리겠습니다. 그전에, 제가 해야 할 일이
있습니다. "

그는 100 달러 지폐를 막 구기기 시작했습니다. 그리고는
물었습니다. "이 돈을 아직도 갖기 원하나요?"

그러자, 아직도 많은 사람들이 손을 들었습니다.

"음" 그는 또 이렇게 말했습니다. "이렇게 하면 어떨까요?"

그는 100 달러를 땅에 떨어 뜨리더니, 신발로 짓이기기 시작했습니다. 그리고 집어 들었습니다. 그 100 달러는 많이 구겨져 있고, 땅에 묻은 먼지로 인해 더러워 져 있었습니다.

그리고는 또 다시 청중을 향해 물었습니다.

"자 여러분중에 아직도 이 100 달러를 원하는 사람이 있나요?"

그러자, 많은 사람들이 다시 손을 들었습니다.

그 강사는 청중을 향해서 이렇게 말했습니다.

"나의 친구들이여, 이미 여러분은 중요하고 가치있는 렛슨을 배웠습니다. 제가 이 100 달러를 구기고 짓이기고 해서 더러워 졌다 하더라고 여러분은 아직도 이 100 달러를 가지고 싶어 합니다. 왜냐하면, 그 가치는 손상되지 않았기 때문입니다. 이 100 달러는 여전히 100 달러의 가치를 가지고 있기 때문입니다."

(Preference Source : http://azams-aspirational-views.blogspot.com/2011/07/100-dollar-bill-motivation-story.html)

인생을 살다보면, 내가 내린 결정에 의해, 종종 (때로는 많이) 떨어지고, 구겨지고, 그리고 땅에 떨어져 흙이

묻기도 합니다. 때로는 그냥 살다보면 다가오는 환경에
의해서 그렇게 될때도 있구요.

그럴때 우리는 우리가 가치가 없어지거나, 소용없이 느껴
질때도 있습니다. 그러나 내 인생에 어떠한 불행이 닥친다
하더라도 또는 어떠한 어려움이 온다 하더라도 당신의
가치는 절대로 없어지거나, 떨어지지 않는 다는
사실입니다.

더럽거나, 깨끗하거나, 구겨졌거나, 또는 아주 가늘에
접혀진 경우라도, 당신은 언제나 값으로 따질 수 없는 귀한
존재 입니다. 당신을 사랑하는 사람에게 말입니다.

우리의 삶의 가치는 우리가 어떻게 하느냐, 또는 당신이
무엇을 아느냐에서 판단되는 것이 아닙니다. 오직
우리인간 존재 자체로 가치가 있는 것입니다. (By WHO
WE ARE.)

형제 자매 여러분 당신은 아주 특별하고 귀한 존재 입니다.
이 사실을 잊지 마세요. 살아가면서, 나의 문제를 세기
보다는 하나님이 주신 복을 세어 보세요. 좋은 하루 되시기
바랍니다.

Thought of The Day 100

40.

"Ever more people today, have the means to live. But not to meaning to live for." – Victor Frankl

When I was young, there was no such a thing as "Smart Phone". (yeeeh~~ I am an older generation) I even could not imagine that everyone carries a cell phone now. Do you remember the first generation cell phone, big and heavy? Today, we have so many things in our lives. i.e. OLED TV, Cars, iPhone, Galaxy, Cordless vacuum cleaner, etc. Let me ask this "what do you live for?" Take a moment and think about it. I encourage you to find the answer to your life.

40.

"오늘날 우리는 그 어느때 보다도 삶에 필요한 도구나
기구들을 많이 가지고 살고 있습니다. 그러나 진정한
삶의 의미를 잃고 사는 것은 아닐까요?" (의역) –
Victor Frankl

제가 어릴적에는 스마트 폰이라는 것은 없었습니다.
(그래요 저는 나이든 세대에 속합니다.) 심지어는 모든
사람이 셀룰라 폰을 들고 다닐것이라는 것 조차 상상 할 수
없었죠. 기억나세요? 크고 무거웠던 첫 번째로 나왔던
휴대용 전화기를, 오늘날 우리는 참 많은 것을 가지고 살고
있습니다. OLED TV, 자동차, 아이폰, 갤럭시 폰, 무선
청소기 등등. 제가 질문을 하나 드릴께요. 무엇을 위해
살고 있나요? 잠깐 시간을 가지시고 한번 생각해 보시기
바랍니다. 제가 당신께 드리고 싶은 말씀은 당신의 인생의
정답을 찾으시기 바랍니다.

41.

"Nothing can stop the man with the right mental attitude from achieving his goal; nothing on earth can help the man with the wrong mental attitude." – Thomas Jefferson

Your mental attitude will direct your current life and future. Take a moment and check your attitude and values in your heart. If you have the right values and mental attitude, you are already a successful person.

41.

"올바른 정신과 태도를 가진 사람이 목표를 성취하고자 한다면, 그 무엇도 그를 멈추게 할 수 없습니다. 그 반대로, 잘못된 사고와 태도를 가진 사람에게는 이 세상에서 그 어떤것도 그 사람에게 도움이 될 수 없습니다." – Thomas Jefferson

당신의 정신적인 사고, 태도가 당신의 현재와 미래의 방향을 결정하고 제시해 줄 것입니다. 잠시 시간을 가지고 당신의 마음을 들여다 보세요. 그리고 어떤 태도와 가치를 가지고 있는지 생각해 보세요. 만약 당신이 올바른 정신적 가치와 태도를 가지고 있다면, 당신은 이미 성공한 사람입니다.

42.

"Walking with a friend in the dark is better than walking alone in the light." - Helen Keller

Do you have a good friend? We live together in this world. You need friends and they need you as a friend as well. Give your respect and love to your friends. They are a cherished asset of your life. As you know, Thanksgiving (Thanks + Giving) is coming this week. You may want to express your thankful heart to your friends. If you don't know what to do, just get up and walk to the friend, and say thank you with a sincere heart and talk about something thankful in your life.

42.

"친구와 함께 어둠속을 걷는것은 친구 없이 홀로 밝은 곳을 걷는것 보다 낫다." - Helen Keller

좋은 친구가 있으신가요? 우리는 세상을 살면서, 서로 함께 살아 가게 됩니다. 당신에게 친구들이 필요하듯, 당신의 친구들도 당신이 필요하죠. 존경과 사랑을 친구에게 주세요. 왜냐하면, 그들은 당신의 삶에 아주 귀한 자산이기 때문입니다. 아시다 시피, 이번주에는 추수감사절이 있습니다. 분명히 주위에 감사해야 할 사람이 있을 겁니다. 그분에게 감사를 표현하세요. 만약 어떻게 할지 모르시겠다면, 이렇게 해 보세요. 자리에서 일어나서, 그분에게 가세요. 그리고 진정성있게 "고마워요" 또는 "감사해요" 라고 하세요 그리고 잠시 앉아서 내 삶에 감사한것들에 대해서 이야기 해 보세요.

43.

"Kindness is the language which the deaf can hear and the blind can see." – Mark Twain

Take a moment, read and think about it. Your smile and kindness to others will make a miracle in every day. Happy Thanksgiving!

43.

"친절(남에 대한 진심어린 배려와 봉사)이라는 것은 귀머거리도 들을 수 있고, 장님도 볼수 있는 언어 입니다." – **Mark Twain**

잠깐 시간을 가지시고, 오늘의 메세지를 읽고, 생각해 보세요. 당신의 환한 웃음과 친절한 행동은 일상생활 속에서, 다른 사람들에게 기적을 가져다 준다는것을 잊지 마세요. 추수감사절 잘 보내세요.

44.

"I used to think that the worst thing in life was to end up alone. It's not. The worst thing in life is to end up with people who make you feel alone." – Robin Williams.

Robin McLaurin Williams (July 21, 1951 – August 11, 2014) was an American actor and comedian. He was a great comedian and actor. He was nominated four times for the Academy Awards, winning once for Best Supporting Actor for his performance as psychologist Sean Maguire in Good Will Hunting. He also received two Primetime Emmy Awards, seven Golden Globe Awards, two Screen Actors Guild Awards, and four Grammy Awards.

On August 11, 2014, Williams committed suicide in his Paradise Cay, California home at the age of 63. (https://en.wikipedia.org/wiki/Robin_Williams)

He was very successful in people's eyes, but he has struggled with depression and feeling alone. We are in the holiday season. It is time for greeting, enjoying, and sharing love each other. However, you may want to look around and check for someone who needs your love. Your simple act of kindness will make someone not feel alone. I am not asking you too much. Just greet each other with a smile in this holiday season.

44.

"나는평소에 생각하기를 인생에서 가장 불행한 일은
결국에는 홀로 되는 것이라고 생각했었다. 그러나
그것은 틀린 생각이었다. 인생에서 가장 불행한 것은
당신을 외롭게 만드는 사람들과 함께 하는 것이다." –
Robin Williams.

로빈 윌리암스는 (July 21, 1951 – August 11, 2014) 미국
영화배우겸 코미디언 이었습니다.

그는 아주 유명한 코미디언이자 영화 배우였죠.
아카데미상에 네번이나 후보에 올랐고, 영화
"굿윌헌팅"에서 션 맥과이어 라는 심리학자로 열연을
하며, 아카데미 조연상을 수상했습니다. 그리고 그는
프라임 타임 에미상 두번, 골든 글로브상 일곱번, 스크린
배우 조합상 두번, 그리고 네번의 그레미상을 받았습니다.
그러나 2014 년 8 월 11 일, 캘리포니아, Paradise Cay 시에
있는 자택에서 스스로 목숨을 끊었습니다. 그 당시 나이
63 세였습니다.
(https://en.wikipedia.org/wiki/Robin_Williams)

그는 사람들이 볼때는 매우 성공한 사람이었습니다.
하지만 우울증과 외로움에 힘들어 했습니다. 우리는 지금
연말을 보내고 있죠 (11 월 입니다.) 지금이 서로 인사하며,
즐기며, 서로 사랑을 나눌 때 입니다. 그런데, 잠시 우리
주위를 돌아보시기 바래요. 혹시 당신의 사랑이 필요한
누군가가 있지는 않은지. 당신의 작은 친절이 누군가를
외롭지 않게 할 수 있기 때문입니다. 제가 너무 큰것을

요구 하지는 않겠습니다. 연말에 미소로 서로 인사를
나누시면 됩니다.

45.

"The worst people to serve" - Jack Ma, founder of Alibaba.

Today, I would like to share about "the worst people to serve." It is very insightful thought from Mr. Jack Ma, founder of Alibaba. This is what he said.

"The worst people to serve are the Poor people. Give them something for free, they think it's a trap. Tell them, it's a small investment, they'll say can't earn much. Tell them to come in big, they'll say no money. Tell them to try new things, they'll say no experience. Tell them, it's traditional business, they'll say, hard to do. Tell them it's a new business model, they'll say it's MLM. Tell them to run a shop, they'll say no freedom. Tell them to run a new business, they'll say no expertise. They do have some things in common: They love to ask google, listen to friends who are as hopeless as them, they think more than a university professor and make less than a blind man.

Just ask them, what they can do. They won't be able to answer you. My conclusion: Instead of your heart beats faster, why not you just act faster a bit; instead of just thinking about it, why not do something about it. Poor people fail because on one common behavior: Their Whole Life is About Waiting."

Thought of The Day 100

45.

"정말로 섬기기 힘든 (최악의) 사람들 " - Jack Ma, founder of Alibaba. (마윈 회장, 알리바바 창업자)

오늘은 "최악으로 섬기기 힘든 사람들"에 대해서 이야기 해 보고자 합니다. 참으로 통찰력있는 생각입니다. 알리바바의 창업자 마윈회장은 이렇게 말하고 있습니다.

최악으로 섬기기 (함께 일하기) 힘든 사람은 가난한 사람입니다. 그들에게 공짜로 무언가를 주면, 무엇인가 함정이 있을 거야 라고 생각 합니다. 그들에게 말하기를 적은 금액의 투자를 권유하면, 별로 이익이 없을 것이라고 말합니다. 무엇인가 큰일을 하자고 하면, 돈이 없어서 못한다고 합니다. 새로운 일을 해 보자고 하면, 경험이 없어서 못한다고 합니다. 전통적인 사업을 해 보자고 하면, 그것은 너무 힘들어서 못한다고 합니다. 새로운 비즈니스를 해 보자고 한다면, 그것은 다단계일거야 하면서 포기 합니다. 가게를 열어보자고 하면, 그 가게에 종일 매달려 있어서 자유가 없어서 못하겠다고 합니다. 새로 비즈니스를 다시 시작해 보자고 하면, 전문성이 없다고 못한다고 합니다.

그들에게는 공통점이 있습니다. 그들은 구글에 물어 보기를 좋아하고, 주위 친구 (자기 같은 바보 멍청이 같은)들의 멍청한 소리에 귀를 기울입니다. 그들은 대학 교수보다 더 많이 생각만 하고, 만들어 내는 것은 눈먼 장님보다도 못하죠.

한번 물어 보세요. 도대체 할 수 있는 것이 무엇이냐고.

그들은 그 질문에 답을 하지 못할 것입니다. 제 결론은요.
심장이 빨리 뛰는 것보다 왜 행동으로 빨리 옮기지 않나요
가만히 앉아서 생각만 하는 것보다, 왜 무엇인가 하지
않나요? 가난한 사람들은 실패자 입니다. 그들에게는 한
가지 공통적인 행동 양식이 있습니다.

그것은 바로 인생 내내 마냥 (아무것도 하지 않고)
기다리기만 한다는 것입니다.

46.

"Love is when the other person's happiness is more important than your own." - H. Jackson Brown, Jr.

This is my interpretation. You got $1,000 cash in your hand. You could buy iPad Air, Xbox or Play Station. But in your heart, you would really like to see the happy smiling face of your spouse. So, you make up your mind to give $1,000 to your spouse even though, you know that she will go out and shop; because your spouse's happiness is more important than your own. Love is giving up something that I like to enjoy for others happiness.

(I expect to have some complaints about this thought. Please don't get too serious ^^)

46.

"사랑이란 다른 사람의 행복이 나의 행복 보다 더 중요하게 생각하는 것을 말합니다." - H. Jackson Brown, Jr.

제 나름대로의 해석입니다. 지금 당신의 손에 현금 120 만원이 있다고 가정을 해 봅시다. 당신은 그것을 가지고 당신이 좋아하는 것을 살 수 있겠죠. 가령 예를 들어 iPad Air or Xbox or Play Station 같은 당신이 가지고 놀 수 있는 것들을요. 하지만 지금 당신의 마음속에는 당신의 배우자의 웃는 모습과 행복해 하는 모습을 보고자 하는 마음이 더욱 간절합니다. 그래서 마음을 먹습니다. 내 손에 있는 120 만원 아내에게 주면 나가서 쇼핑할거라는 것을 알지만, 그래도 주기로 마음을 먹습니다. 왜냐하면 내 아내의 행복이 나의 행복 보다 더 중요하기 때문입니다. 사랑이란 (나를 위해) 내가 즐길수 있는 것을 포기하고 다른 사람의 행복을 위해서 주는 것입니다. (제가 예상하기로 이번 글에 대해서 불만을 표시하시는 분들이 좀 있을것 같네요. 너무 심각하게 받아 들이지 마시기를 바랍니다. ^^)

47.

"The most important single ingredient in the formula of success is knowing how to get along with people." – Theodore Roosevelt

Yes, it is….. Knowing how to get along with your people is a very important ingredient in our lives. In order to get along with people well, you should treat people with respect and dignity. Simply speaking that "Do to others as you would have them do to you" (Luke 6:31). Remember you are so precious and the people who are around as well.

47.

"인생의 성공 공식에 있어서 가장 중요한 한 가지
성분은 바로 다른 사람들과 잘 (어울려) 지낼 수 있는
방법을 아는 것입니다." – Theodore Roosevelt

정말 맞는 말씀입니다. 내 주위에 있는 사람들과 잘 지내는
방법을 아는 것은 우리 삶에 매우 중요합니다. 다른 사람들
(나와, 내 생각과, 내 성격과 다른) 과 잘 지내기 위해서는
우리는 서로 서로 존경과 존엄을 가지고 대해야 합니다.
간단히 말하자면, "남에게 대접 받고자 하는 대로 당신도
남을 대접하십시오." (누가 복음 6:31). 이것만은
기억하세요. 당신이 소중한 존재인것 만큼 내 주위 한 사람
한 사람도 참 소중한 사람들입니다.

48.

"Success is how high you bounce when you hit bottom." - George S. Patton

Yes, it is. In our lifetime, we fall sometimes or many times. Believe it or not, all successful people they fell as well. The point of their success does not keep going high.

Actually, it is the opposite. When they fall, they were resilient to bounce back.

Brothers and sisters, when you fall or hit the rock bottom, don't think that is an end.

Rather, that is the new start point of your life. Be strong, courageous for God will provide you strength to bounce high.

48.

"성공이란 내가 인생의 바닥을 쳤을때, 얼마나 높이 튀어 오르느냐 는 것입니다." - George S. Patton

네 맞는 말입니다. 살다보면 때때로 아니 아주 많이 넘어질때가 있죠. 좀 믿기 힘드시겠지만 대부분의 성공한 사람들은 다 (수없이) 넘어지는 경험을 했습니다. 그 사람들의 성공의 열쇠는 계속해서 얼마나 올라가느냐가 아닙니다. 사실은 그 반대죠.

그 사람들은 넘어졌을때 다시 일어날 수 있는 힘을 (회복력) 가졌습니다.

형제 자매 여러분, 당신이 인생에서 바닥을 쳤다고 생각할때, 그것이 당신 인생의 끝이라고 생각 하지 마세요. 오히려 그것은 당신의 새로운 인생의 출발점입니다.

강하고 담대 하세요. 하나님이 당신이 다시 튀어 오를 수 있도록 힘을 주실겁니다.

49.

"Life's most persistent and urgent question is 'what are you doing for others?'" – Martin Luther King, Jr.

The fact is that we are egocentric. That is why you should persistently ask yourself this question. When you live for others, you will know the true meaning of life and will be content. Especially, this is last month of this year. This is the time to think about our neighbors who need love and cares of us. This is the time to reach out to people who need our help. Your warm smile and kind words will touch someone's heart and soul. Please don't underestimate the power of kindness and love.

49.

"인생에서 끊임없이 그리고 가장 절박한 질문은 '당신이 다른 사람을 위해서 무엇을 하느냐?'는 것입니다." - Martin Luther King, Jr.

사실 모든 사람은 자기 중심적인 존재 입니다. 그렇기 때문에 당신은 이 질문을 사는동안 끊임없이 해야 하는 것입니다. (나만을 위한 삶이 아닌) 다른 사람을 위한 삶을 살때, 당신은 진정한 삶의 의미를 깨닫게 될 것입니다. 그리고 (영혼의)만족을 경험하게 될 것입니다. 특히 이번달은 한해의 마지막 달입니다. 이럴때, 우리의 사랑과 관심이 필요한 이웃을 돌아 보시기 바랍니다. 이때야 말로, 우리의 도움이 필요한 사람들에게 다가갈 시간 입니다. 당신의 따뜻한 미소와 친절한 말은 누군가의 마음과 영혼을 터치 한다는 것을 잊지 마세요. 바라기는 친절과 사랑의 힘을 과소평가 하지 마세요.

50.

"Nothing will work unless you do."- Maya Angelou

You are responsible for your life. This life is yours and you can make or break it. Unlike a video game, we are only given one life to live and to make the best of it. You must go out and take those chances and make those decisions. No one can make them or live your life for you. Do not waste your precious life or expect others to do it for you. You call the shots to your life.

50.

"당신이 행동하지 않는다면, 아무것도 잘되는 일은
일어나지 않을 것입니다." - Maya Angelou

당신의 인생을 책임지는 이는 당신입니다. 당신의 삶은
당신의 것입니다. 당신이 잘 이루어 가거나 또는 망치거나
할 수 있습니다. 인생은 비디오 게임과 같지 않습니다.
(다시 리셋 할 수 없죠) 단 한번 사는 시간, 세상에서
최선을 다해 살아야 합니다. 그 어느 누구도 당신의 인생을
대신 살아 줄 수 없습니다. 더 이상 인생을 낭비 하지는
마세요. 또는 다른 사람이 내 삶에 무엇인가 해 줄
것이라고 기대 하지 마세요. 당신이 당신의 삶을 만들어
가기 때문입니다.

51.

**"Forgiveness is the key to action and freedom." –
Hannah Arendt**

It is very deep, Forgiveness.... It is not easy but the fact is, we all need forgiveness. You may have someone to forgive or you may want to be forgiven by someone. For we are not perfect beings, we need forgiveness in our lives. Once you do so, you will have the gift of freedom in your heart.

51.

"용서라는 것은 내 (삶의) 행동과 자유의 열쇠입니다."
– **Hannah Arendt**

용서라는 문제는 상당히 무거운 주제입니다....... 용서를
한다는 것은 쉽지 않죠. 그러나 사실은, 우리 모두에게
필요한 것입니다. 왜냐하면 우리 모두는 불완전한
존재이기 때문이죠. (누구나 다 실수 하죠.) 아마도 당신의
삶속에서 용서해야 할 사람이 있을 것입니다. 반대로 내가
용서를 빌고 받아야 할 사람도 있을 것입니다. 우리 모두는
완전한 존재가 아니기 때문에, 우리의 삶속에는 용서가
필요한 것입니다. 만약 당신이 용서를 한다면, 또는 용서를
받는다면, 당신의 마음속에는 자유라는 선물이 주어질
것입니다.

52.

"Life is about making an impact, not making an income." –Kevin Kruse

What do you pursue your life? Do you live for making money only? Brothers and sisters, your life is priceless. You should live for making an impact on your life and others. Because your life is of way more value and worth than just making money. You are not money making machines but precious beings, who has the image of God. Remember you are so precious.

52.

"인생이란 수입을 만드는것이 아니라 누군가의 삶에
영향을 주면서 사는 것입니다." –**Kevin Kruse**

무엇을 위해 사시나요? (상당히 깊이가 있는 질문이죠.)
돈을 위해서 사시나요? 형제 자매 여러분, 당신의 삶은
아주 소중하답니다. 당신은 누군가에게 영향을 끼치면서
사는 그런 삶을 사셔야 합니다. 왜냐하면, 당신의 삶은
돈을 만들면서 사는 인생보다는 훨씬 더 귀한 존재 이기
때문입니다. 당신은 단순히 돈을 만드는 존재가 아닙니다.
누가 뭐라고 해도 당신은 하나님의 형상을 닮은 아주
소중한 존재 입니다. 꼭 기억하십시오 당신은 소중하다는
것을.

53.

"Your energy introduces you before you even speak."
– Anonymous

It is so true. Everyone carries either positive or negative energy. Imagine this, you are a boss, you have about 10 people work for you. As soon as you come into your work area, how are people respond? You don't even say a word. If people come to you say "Hi" or greet you, you bring positive energy to them. If people flee like cockroaches when you come in, you bring very negative energy. I hope everyone in our organization, bring positive energy to your workplace every day.

53.

"당신이 말하기 전에 이미 당신에게서 나오는
에너지가 당신이 어떤 사람인지 말해 줍니다.." –
Anonymous

이거 정말 맞는 말입니다. 모든 사람은 긍적적인 에너지와
아니면 부정적인 에너지를 가지고 다닙니다. 생각해
보세요. 당신이 보스라고 가정을 하고 당신 밑에서 약
10 명 정도 일한다고 해 봅시다. 그럴때, 당신이 일하는
사무실에 딱 나타나면 사람들이 어떻게 반응 하나요? 한
마디도 말하기 전에. 만약 사람들이 와서 "안녕하세요"
라고 인사를 한다면, 당신은 긍정적인 에너지를 가지고
다니는 사람입니다. 그 반대로, 만약 당신이 나타나자 마자
바퀴벌레들이 (불을 켯을때) 도망가는 것 처럼 흩어진다면
당신은 아주 부정적인 에너지를 가지고 다니는
사람입니다. 바라기는 우리 조직에서는 우리 모두가 매일
긍정적인 에너지를 가지고 다니는 사람들이 되시기
바랍니다.

54.

"Be thankful for the bad things in life. For they opened your eyes to the good things you weren't paying attention to before." - Anonymous

In life, good things happen and bad things happen as well. I know a couple who had a disabled kid in their family. He (husband) and I are an old friend. One day, he talked to me about how hard and emotionally painful to raise his son who is disabled. Mostly I just listened. He said "I never pay attention or care about disabled kids around my life before I had my son. Now I see so many families that have disabled kids. And I understand their struggles and pains which I never knew before. I also realize that I am so thankful for my health, my other 2 kids and my wife." Later on, I met him again when I PCS to 19 ESC. He has retired and volunteers to sever disable kids in his church and his wife became a nurse to take care of children in a hospital.

Brothers and sisters, I know it is not easy to be thankful for the bad things in life. But be thankful for the bad things in your life. Doing so, you will see so many things to be thankful in your life.

Thought of The Day 100

54.

"내 인생에 나쁜일에 대해서 감사 하십시오. 그로
인해서, 이전에는 보지 못 했던 감사한 일들이 많이
보이게 되기 때문입니다."- Anonymous

인생을 살다보면, 좋은일도 있고 나쁜일도 생기죠. 제가
아는 부부가 있습니다. 그 부부에게는 장애를 가진 아이가
하나 있습니다. 그 남편과 저는 아주 오랜 친구입니다.
하루는 그 친구와 이야기를 하는데, 장애아를 키우는것이
얼마나 힘들고 심적으로 고통스러운 것인가에 대해서
털어 놓더군요. 제가 거의 가만히 들어 주기만 했습니다.
그때 그가 말했습니다. "본인의 아들이 장애아가 되기
전까지는 내 주위에 있는 장애아들에 대해서는 관심도
가지지 않았어요. 지금은 참 많은 가정에서 장애를 가진
아이들을 키우고 있다는 것을 알게 되었습니다. 그리고
저는 그들이 얼마나 힘든지 그리고 아픈지를 잘 알게
되었습니다."라고 그리고 또 그는 말했습니다. "저는 저와
건강한 두 아이, 그리고 아내에 대해서 진심으로 감사함을
깨닫게 되었습니다."
이후, 제가 19 지원사로 부임할때, 그 친구를 다시 만나게
되었습니다. 그는 현재 군에서 은퇴를 하고 교회에서
장애아들을 돌보는 일에 자원 봉사를 하고 있습니다.
그리고 그의 아내는 간호사가 되어 병원에서 아픈
어린이들을 돌보고 있습니다.
형제, 자매 여러분, 인생에 나쁜일이 생길때, 감사하는
것이 어렵다는 것을 알고 있습니다. 하지만, 그럴때

154

감사하세요. 그렇게 하면, 내 인생에 감사할 것이 참 많다는것을 다시 보게 될것입니다.

55.

**"Let your hopes, not your hurts, shape your future." -
Robert H. Schuller**

In your life's journey, you will get hurt sometimes.
Perhaps, you already have some scars in your heart.
Think about this, even though you got hurt, what made
you keep on going until today. That is your hope.
Brothers and sisters, remember and don't forget this, in
any situation or hard time of your life never give up or
lose your hope. For your hope benefits the unique and
precious gift of life.

55.

"당신의 마음속에는 상처도 있겠지요 하지만 소망도 있을 것 입니다. 그 소망으로 미래를 만들어 가세요." - Robert H. Schuller

인생을 살다보면, 때로는 상처를 받을때도 있을 것입니다. 아마도 이미 마음속에 상처의 흔적이 있는 분도 계시겠지요. 잠시 생각해 봅시다. 내가 상처를 받았다 하더라도 무엇이 오늘 나를 여기 까지 오게 한 원동력이 되었는지를.... 그것은 바로 당신이 가진 소망입니다. 형제, 자매님들 이것을 꼭 기억하시고 잊지 마세요. 어떤 상황에서든지, 그리고 어떤 어려움이 내 인생에 닥쳐 온다 하더라도 절대로 소망을 포기하거나 잃어 버리지 마세요. 왜냐하면 당신의 소망은 삶에 있어서 유일하고 소중하기 때문입니다.

56.

"Out of difficulties grow miracles." - Jean de la Bruyere

We face a lot of difficulties in our life journey. No one wants or is happy about facing trials in our lives. But we can get something out of difficulties, such as patience, perseverance, faith, hope, love and so on. It all depends on how you face those difficulties. If you deal with them with positive attitudes, you will have many miracles in your life.

56.

"기적이란 여러가지 어려움속에서 자라납니다." -
Jean de la Bruyere

우리는 세상을 살면서 여러가지 어려움을 만나게 됩니다.
그 누구도 이러한 어려움을 좋아하거나 기뻐하지는
않습니다. 그러나 그러한 어려움들 속에서 우리는 귀한
것들을 얻어 낼 수 있습니다. 인내, 끈기, 믿음, 희망, 사랑
등등. 문제는 우리가 그러한 어려움이 닥칠때, 어떻게 대처
하느냐에 있습니다. 당신이 만약 긍정적인 태도를 가지고
그 많은 어려움을 받아 들인다면, 당신의 삶에 많은 기적이
일어날 것입니다.

57.

"To us, family means putting your arms around each other and being there." - Barbara Bush

I would like to encourage you to extend the concept of family. At work, if we see each other as a family member, our workplace will be much better.

57.

"우리에게 가족이라는 뜻은 말입니다. 서로
어깨동무를 하면서 함께 있는 사람들을 뜻합니다." -
Barbara Bush

한번 가족이라는 개념을 좀 넓혀 보세요. 우리가 만약
일하는 곳에 서 내 동료들을 내 가족과 같이 본다면 우리가
일하는 환경은 훨씬 더 좋아 질 것입니다.

58.

"Your time is limited, so don't waste it living someone else's life. Don't be trapped by dogma – which is living with the results of other people's thinking."-Steve Jobs

Steve Jobs, he was the icon of innovation. No wonder he said this. Many people live in the box that made it by someone. If you live in the box, you will only see something in the box. You will never know the world out of the box. Just take a moment and exam your thought, worldview, and life. Are you in the box or out of the box? Yes, your time is very limited. You don't have time to waste it. Live your life not someone else.

58.

"인생의 시간은 한정되어 있습니다, 그렇기 때문에
낭비해서는 안돼죠. 우리는 때때로, 남의 인생을 보고,
남의 인생을 살고 싶어 하면서, 시간을 낭비 합니다.
그런 생각의 함정에 빠지지 마세요." (Dogma – 스티브
잡스가 말한 도그마- 다른 사람의 생각의 결과로
만들어진 세상에 사는 것) -Steve Jobs

스티브 잡스는 혁신의 아이콘이죠. 그가 이런 말을 했다는
것은 결코 놀라운 일이 아닙니다. 많은 사람들이 누군가
만들어놓은 박스 안에서 살죠. 만약 당신이 박스 안에
산다면, 박스 안에 있는 것 만 보게 될것입니다. 그리고 그
박스 밖의 세상은 아마 상상도 못 할 것입니다. 잠시
시간을 가지고 스스로의 생각, 세계관, 그리고 본인의
인생을 점검해 보세요. 당신은 박스 안에 있나요? 아니면
밖에 있나요? 예 그렇습니다. 우리 인생은 한정되어
있습니다. 당신은 낭비할 시간이 없습니다. 남의 삶을 살지
말고, 당신의 삶을 하루 하루 사시기 바랍니다.

59.

"Where there is love there is life."- Mahatma Gandhi

This is the last month of this year. This is the time to have feelings of love. I know that you want to have love from others. How about looking out and sharing a love for others, who need your love? When you share your love with others, you will feel love as well.

59.

"사랑이 있는곳에 생명이 있습니다." - **Mahatma Gandhi**

연말이네요. 사랑을 많이 느끼고 싶은 시즌입니다. 물론 나도 사랑받고 싶겠지만, 내가 사랑을 줄 수 있는 이웃에게 먼저 베풀어 보는것이 어떨까요? 이웃과 사랑을 나눌때, 당신도 사랑을 느끼게 될것입니다.

60.

"Leadership, like swimming, cannot be learned by reading about it." – Henry Mintzberg.

Reading and knowing about leadership is good, but that is not enough. Once you learn something about leadership, you have to practice it. When you practice your leadership, you will know and learn something, you never knew about true leadership. Keep practicing and learning about good leadership.

60.

"리더십이라는것은 마치 수영하는 법을 배우는것과 같습니다. 수영하는 법은 책을 읽는것 만으로는 배울 수 없습니다." - Henry Mintzberg.

리더십에 대해서 좋은 책을 읽거나 아는것은 좋은 일입니다. 하지만 그것으로 충분하지 않습니다. 일단 리더십에 대한 좋은 지식을 배웠다면, 그것을 활용해야 합니다. 그리고 활용하다 보면, 책에서는 배우지 못하는 리더십에 대한 지식을 배우게 될 것입니다. 계속해서 실천하고, 배우고 하면서 좋은 리더쉽을 만들어 가시기 바랍니다.

61.

**"Heaven never helps the man who will not act." –
Sophocles**

If you have a great idea or plan, that is good but they are useless unless you act on it. You have to act. If you do so, you will have help from many people.

61.

"행동하지 않는사람에게는 하늘에서 오는 도움이라도 소용 없습니다."- Sophocles

만약에 좋은 아이디어와 계획이 있다면 그것은
좋은일입니다. 하지만 행동으로 옮기지 않는다면
쓸모없죠. 행동으로 옮기십시오. 만약 그렇게 한다면 많은
사람들로 부터 도움을 받을 것입니다.

62.

**"Change your thoughts and you change your world."-
Norman Vincent Peale**

You are the one, who is responsible for taking control of your world. If you want to change your world, you must change your thoughts first. Be positive and never lose your hope.

62.

"생각을 바꾸십시오. 그리고 당신의 세계를
바꾸십시오." - Norman Vincent Peale

당신은 당신의 세계를 책임지고, 통제할 수 있는
사람입니다. 만약 당신의 세상을 바꾸고 싶다면, 당신의
생각부터 바꾸어야 합니다. 늘 긍정적인 사고를 하시기
바랍니다. 그리고 절대로 희망을 잃지 마십시오.

63.

"People may hear your words, but they feel your attitude." – John C. Maxwell

Let's go back to your young age. Your college, high school, middle school or even Elementary School. You have been through many teachers. You have been taught so many things, English literature, Biology, Math, History, etc. What do you remember at this point? Do you remember what your teachers taught? Or do you remember a teacher who made you feel special? We interact with many people every day. Your attitude is matter in communication. Be nice, humble and treat everyone with dignity and respect.

63.

"사람들은 당신의 말을 아마 들을 수 있습니다. 하지만
그들에게 당신이 어떻게 대하는가 하는 태도는
사람들의 기분을 좌우합니다." – John C. Maxwell

우리한번 젊었을때, (어렸을때)를 생각해 봅시다. 대학때,
고등학교때, 중학교때, 그리고 초등학교때. 그때를 거쳐
오면서, 많은 선생님들을 만났을 것입니다. 그리고
많은것을 배우셨겠죠. 지금의 관점에서 생각해 보세요.
당신이 무엇을 기억하고 있는지 말입니다. 선생님이
가르친것들을 기억하나요? 아니면 나에게 특별히 관심을
주신분을 기억하나요? 우리는 매일 많은 사람들과 교류를
하면서 지냅니다. 사람들을 대하는 당신의 태도는
소통하는데 있어서 아주 중요합니다. 친절하고 겸손하게
그리고 모든 사람을 존엄과 존경으로 대하십시오.

64.

"Amazing grace! How sweet the sound that saved a wretch like me! I once was lost but now am found, was blind but now I see." – John Newton

This is the first verse of the song "Amazing Grace" (This is one of the most popular songs in the world)

Brothers and sisters please to take a moment to reflect God's grace in your life. Believe it or not, everyone lives in God's grace. But sometimes we don't realize or see it. Just like teenagers never appreciate their parents even though they live in parents' grace. You may want to look back in last year and try to see God's grace in your life and count blessing God gave you. You will be amazed by His grace because our God 'grace is sufficient for you.

Thought of The Day 100

64.

"놀라운 은혜 입니다! 나같은 죄인을 구원해 주신
부드러운 그 말씀. 이전에는 하나님으로 부터
잃어버렸던 사람이었지만, 지금은 찾은바 되었고,
이전에는 보지 못했지만, 지금은 보게 되었습니다."

**(나 같은 죄인 살리신 주 은혜 놀라와! 잃었던 생명
찾았고, 광명을 얻었네.) - John Newton**

오늘의 말씀은 유명한 노래 "나 같은 죄인 살리신"의
첫번째 가사 입니다. (전 세계에서 가장 많은 가수들에
의해, 가장 많이 불려진 곡 중에 하나이기도 하죠)

형제, 자매 여러분, 잠시 시간을 가지시고, 내 삶속에
하나님의 은혜에 대해서 생각 해 보시기 바랍니다. 믿거나
말거나, 우리는 다 하나님의 은혜속에서 살고 있습니다.
그러나, 때로는 우리가 그 은혜를 깨닫지도, 보지도 못하고
살죠. 마치 사춘기의 청소년들 처럼 말이죠. 그들은 부모의
은혜를 매일 받고 살면서도, 부모에게 감사하지 않죠.
(그런 모습이 우리의 모습이 아닐까요?) 한번 지난년도를
돌아보세요. 그리고 내 삶에 드리워졌던 하나님의 은혜를
찾아 보세요. 그리고 하나님으로 부터 받았던 축복을 세어
보세요. 그러면, 놀라운 하나님의 은혜를 보게 될것 입니다.
왜냐하면, 우리 하나님의 은혜는 당신의 삶에 늘 풍성하게
임하기 때문입니다.

Thought of The Day 100

65.

"Re-train your heart to long for deeper character and greater competence.... The two rails on which great leadership runs." – Rick Warren

All leadership is built on two things – character and competence. Those are the twin values of leadership. Charisma is optional. Some of the most charismatic people of the twentieth century were also the worst. Hitler, Mao, Marx, and Mussolini were all charismatic. Charisma has absolutely nothing to do with leadership. If you possess it, it's merely a bonus and, if you allow it without character and competence, it can actually get you into a lot of trouble. Real leadership is built on character and competence.

65.

"더욱 성숙한 인격과 더 큰 능력을 갖추기 위해서 당신의 마음을 다시 훈련시키세요. 훌륭한 리더십은 인격과 능력이라는 레일 위를 달리게 되어 있기 때문입니다. - Rick Warren

리더십은 두 가지 (기초)위에 세워집니다. 하나는 인격이고, 또 다른 하나는 능력입니다. 이 둘은 (좋은) 리더십의 양면 (쌍둥이) 입니다. 이에 비해 카리스마는 선택 사항 입니다. 20 세기의 몇몇의 카리스마를 가진 사람들이 정말 나쁜 결과를 만들어 냈죠. 히틀러, 마오, 마르크스, 그리고 무솔리니, 이 사람들은 아주 카리스마가 넘치는 사람들이었습니다. 카리스마는 좋은 리더십과는 전혀 상관이 없습니다. 만약 당신이 카리스마를 가지고 있다면, 그것은 보너스 입니다. 만약 그 카리스마를 사용함에 있어서, 인격과 능력이 빠진다면, 그것이 더 많은 문제를 야기 하게 된답니다. 전정한 리더십은 인격과 능력위에 세워 진답니다.

66.

"Never laugh at your wife's choices.......you are one of them" – From Facebook posting

This is a deep message for husbands. I know it, also applies to me. Yes, I did repent after seeing this quote. I have nothing further to say. Read it, meditate on it and never laugh at your wife's choices, but rather praise her choice for she chose you, who is a wonderful person.

66.

"절대로 아내가 선택한 것에 대해서 비웃지
마십시오........ 왜냐하면 당신도 그녀가 선택한것
중에 하나니까요." – From Facebook posting

남편들에게 아주 깊은 의미를 가진 메시지 입니다. 저를
포함해서 말입니다. 맞아요 저도 이걸 읽고 회개했죠. 더
이상의 부연 설명이 필요 없을 것 같네요. 읽으시고,
묵상해 보시고 담 부터는 절대로 아내가 무엇을
선택하든지 비웃지 마세요. 오히려 아내의 선택에 대해서
찬양하세요 왜냐하면 그녀는 아주 멋진 당신을 선택했기
때문이니까요.

67.

"The strongest people were once the broken ones, they learned how to fixed themselves with or without help from anyone." – Unknown

Have you ever seen easygoing life? No trials, no problems, life? I have not seen yet. The point is that everyone falls, stumbles, breaks, or hurts sometimes in a lifetime. I guess you have been through some of those moments in your life as well.

Brothers and sisters, I would like to encourage you to be strong and courageous. Life is not easy but you are strong and you will be stronger to overcome brokenness.

67.

"강한 사람은 이전에 한번 깨져 본 경험이 있는 사람입니다. 그리고 그 경험속에서 어떻게 다시 스스로 고치고, 회복하는 방법을, 누군가의 도움을 받든 안 받았던 간에, 배운 사람입니다."– Unknown

주위에 쉬운 인생을 사는 사람을 본적 있으신가요? 아무런 고난도 없고, 문제도 없는 삶? 저는 아직 보지 못했습니다. 요점을 말씀 드리자면, 모든 사람은 인생에서 넘어지기도 하고, 엎어지기도 하고, 깨어지기도 하고, 상처를 받기도 한다는 것입니다. 제 생각에는 당신도 그런 순간을 당한 적이 있을 거라 생각하네요.

형제 자매님들 강하고 담대하시기 바랍니다. 인생은 쉽지 않지만, 당신은 강한 사람이고, 또 여러번 깨어진 경험 극복하면서 더 강해 질 것입니다.

68.

"Never make fun of someone who speaks broken English. It means they know another language." — H. Jackson Brown Jr.

As you may know that I am a Korean American. English is the second language to me. This quote recalled my memory when I was battalion chaplain (3-7 Infantry in Fort Stewart Georgia) 19 years ago. My English was really bad. There were some people made fun of me who speaks broken English. Every time I said something, people laughed. I was so frustrated and felt so small. But I realized one thing that I can make people laugh even with my broken English. Once I realized the fact, I gained confidence. Later on, someone came to me and said, "Chaplain Min I appreciate your daily words in a Command and Staff meeting. Your words make my day." I was almost crying." Even today, when I preach at the chapel. I practice my message a day before. I bite a pen with my mouth and read my script over and over. (My daughter recommended) There are many people who speak broken English in our environment. Their pronunciation and grammar may not be perfect but they are hardworking people and their effort and job performance are genuine. In fact, we are one team. Either you speak English or Konglish (Korean English). Please make some room to understand each other. Treat one other with dignity and respect.

Thought of The Day 100

68.

"영어를 잘 못 하는 사람을 절대로 놀리지 마세요.
왜냐하면, 그 사람은 다른 언어를 잘하는 사람이기
때문입니다. (이중 언어를 하는 사람이기
때문입니다.)" — H. Jackson Brown Jr.

아마 여러분이 아시다시피 저는 한국계 미국 사람입니다.
영어는 저에게 모국어가 아닙니다. 오늘의 말씀은 제가
19 년 전 3-7 보병 대대 (조지아 포트 스튜어트) 에
있었을때 를 상기 시켜 주네요. 그때 저는 영어를 정말
못했습니다. (지금도 별로지만) 몇몇의 사람들은 제
영어를 가지고 놀리기도 했죠. 그때 저는 매우
당황스러웠고, 스스로 참 작게 느껴 졌습니다. 제가 영어를
할때면, 막 웃어 댔죠. 그러나 한 가지 깨달음이 왔습니다.
그것은 바로 저의 짧은 영어가 사람들을 웃게 만든다는
것이였죠. 그래서 저는 자신감을 얻게 되었습니다. 이후,
누군가가 저에게 이렇게 말했습니다. "민 군목, 저는
당신이 회의때 마다 들려주는 오늘의 말씀이 참 좋습니다.
저의 하루를 의미있게 해 줍니다." 이 소릴 듣고 거의 울뻔
했죠. (19 년이 지난) 오늘날도 저는 설교하는 날이면, 그
전날 볼펜을 입에 물고 제 설교를 소리내서 읽습니다. (제
딸이 추천해 주었죠) 저의 주위에 영어가 짧은 사람들이
많습니다. 그분들의 발음이나 문법이 완전하지 않죠.
그러나, 그분들의 노력과, 하시는 일은 진짜 입니다. 사실
우리는 한팀입니다. 영어를 말하든 콩글리쉬를 하든
말이죠. 바라기는 서로를 이해하는 여유를 맘에 가지시기

186

바랍니다. 그리고 서로 서로를 존엄과 존경으로 대하시기
바랍니다.

69.

"If you want to live a happy life, tie it to a goal, not to people or things."-Albert Einstein

What makes you happy? When are you happy? I remember, when I bought a yellow Camaro, I was extremely happy. I washed and waxed the car every week. Even I pinned out small gravels stuck in the tire. But it didn't go last, 6 months later, I was no longer excited and happy with the car. One of the ways to be happy is living with a goal and purpose of your life. Without a goal and purpose, your life going to be meaningless.

69.

"당신이 행복하기를 원한다면, 사람이나 물질에 신경쓰기 보다는 목표를 가지고 사십시오." – **Albert Einstein**

무엇이 당신을 행복하게 하나요? 어떨때 행복한가요? 예전에 노란색의 스포츠카를 구입했을때, 저는 무척 행복했습니다. 매주 세차를 하고, 광택을 내고 그랬습니다. 심지어는 타이어 사이에 낀 돌을 빼주기 까지 했습니다. 그런데, 그런 행복은 오래 가지 않았습니다. 6 개월 후에는 별로 감흥도 없고, 더이상 그 차에 대해서 행복해 하지 않게 되더라구요. 행복한 삶을 사는 방법중에 하나는 삶의 목표와 목적을 가지고 사는 것입니다. 삶의 목표와 목적이 없다면 정말 무의미 한 삶이 되기 때문입니다.

70.

"Success? I don't know what that word means. I'm happy. But success, that goes back to what in somebody's eyes success means. For me, success is inner peace. That's a good day for me."-Denzel Washington

Are you a successful person? What is your definition of success? If you don't know what that means, you are a successful person. I know it is not easy to swallow yet, just think about what success means to you. As Denzel Washington said, if you have peace in your heart, you are already successful.

Brothers and sisters, just take a moment, find your inner peace. It is in your heart.

70.

"성공? 저는 그 말이 무슨 뜻인지 모르겠습니다. 저는
행복합니다. 그러나 성공이라는 것을 생각해 볼때,
아마도 다른 사람들에 눈으로 볼때, 성공을 생각할 수
있겠죠. 하지만, 저에게 있어서 성공은 내적인 평안
입니다. 저에게는 그것이 좋은 날입니다." -Denzel
Washington

당신은 성공한 사람인가요? 당신은 성공이 무엇이라고
생각하시나요? 만약 성공이 무엇인지 모르겠다고 한다면
(덴젤 워싱턴 처럼) 당신은 성공한 사람입니다. 좀
이해하기 힘들 수도 있겠네요. 하지만, 성공이 당신에게
어떤 의미인지 생각해 보세요. 덴젤 워싱턴이 말한것 처럼,
당신의 마음(영혼)속에 평안이 있다면, 당신은 이미
성공한 사람입니다.

형제 자매 여러분, 잠시 (하던일을 멈추시고) 시간을
가지고 내 안에 있는 평안을 찾아 보세요. 그 평안은 바로
당신의 마음속에 있습니다.

71.

"At the end of the day, it's not about what you have or even what you've accomplished... it's about who you've lifted up, who you've made better, it's about what you've given back." - Denzel Washington

Last Friday, I have attended a memorial service. It was so sad. I heard weeping and crying of his wife. And many people attend and tribute for him. I didn't know the person who died but I could see who he was. The chapel was full with his friends, and peers in our community. Some of them shared their memories about him.

Brothers and sisters, one day we have to leave this place. We don't know when will be the date. What is life? What are really important things in our lives? At the end of the day, how people will remember you? They are not going to remember you how much money you have. They are not going to care about your accomplishments. Yet they will remember your smile, caring, and love you gave them.

Thought of The Day 100

71.

"결국에는, (마지막 날에는), 당신이 어떤 사람인지, 그리고 당신이 어떤 일을 이루어 냈는지는 별로 중요하지 않습니다. 결국에는 당신이 어떤 사람을 높여 주었는지, 어떤 사람을 (도와줘서) 잘되게 해 주었는지, 그리고 무엇을 다시 주었는지. (내게 주어진 것을 다시 돌려 주었는지) 가 중요한 것입니다." - **Denzel Washington**

지난 금요일, 저는 장례예식에 참석했습니다. 참 슬픈 일이었죠. 고인의 아내분의 울음소리가 제 귓가에 들렸습니다. 많은 사람이 참석해서, 고인을 기렸습니다. 저는 그분을 몰랐습니다. 그러나, 거기에 모인분들을 보면서, 고인이 어떤분인지 볼수 있었죠. 교회는 그분의 친구와 동료들로 가득 차게 되었습니다. 일부 고인의 친구분들이 고인에 대한 기억을 나누었습니다.

형제 자매 여러분, 우리는 언젠가는 이곳을 떠나게 됩니다. 우리는 그날이 언제인지 아무도 모르죠. 인생이 무엇인가요? 인생에서 중요한 것은 무엇인가요? 나의 마지막날에 사람들은 나를 어떻게 기억할까요? 그들은 내가 얼마나 많은 돈을 가졌었는지, 기억하지 않을 것입니다. (별로 중요하지 않으니까요). 그들은 내가 이루어낸 업적을 상관하지 않을 것입니다. (이 또한 별로 중요하지 않기 때문입니다.) 하지만, 사람들은 당신이 보여준 미소, 관심 그리고 사랑을 기억할 것입니다.

Thought of The Day 100

72.

"A quiet man is a thinking man. A quiet woman is usually mad." – Someone posted on Facebook

Men and women are different. Even same action or reaction say different message between men and women. That is why; sometimes we misunderstand and get into arguing.

Brothers and sisters please accept the differences and try to understand each other. If you do so, your life will be much better.

72.

"남자가 조용하다는 것은 무엇인가 생각하고 있다는 것입니다. 여자가 조용하다는 뜻은 대부분의 경우, 화가 나 있다는 뜻입니다." – Someone posted on Facebook

남자와 여자는 참 다릅니다. 같은 현상과 반응을 보고도, 남자와 여자는 다른 메세지로 받아 들일때가 많습니다. 그래서 우리는 종종 오해하고, 싸우기도 하죠.

형제 자매 여러분, 남자와 여자가 다르다는 사실을 받아 들이세요. (내 고집 대로만 생각하지 마시고) 그리고 서로를 이해하려고 노력하세요. 그렇게 하면, 당신은 더욱 나은 삶을 살게 될 것입니다.

73.

"The beginning is the most important part of the work" – Plato

It is so simple and true. Without beginning, there will be no work done. In order to begin something, you might need to take courage. I know, sometimes it is frightening to take the first step. But brothers and sisters, if you have goodwill in your heart and the desire to do something; I encourage you to begin now. It may not change the world (who knows), but it will change your life and affect the people around you.

73.

"모든일에 있어서 가장 중요한 것은 일단 시작한다는 것입니다." – **Plato**

상당히 단순한 진리 입니다. 시작하지 않으면, 아무것도 되는 일이 없을 것입니다. 일단 무엇인가를 시작하기 위해서는 용기를 가져야 합니다. 저도 알아요. 일단 무엇인가 (해보지 않은일 일 경우에는 더더욱 그렇죠) 시작하기 위해서 첫 발을 내딛는다는 것은 좀 무섭기도 하죠.

그러나, 형제 자매 여러분, 만약 당신의 마음속에 좋은 의도와 무엇인가 하고자 하는 열망이 있다면, 용기를 가지시고 시작해 보세요. 당신의 시작이 세상을 바꾸지 않는다 하더라도 당신의 삶을 바꾸고, 주위에 있는 사람들에게 영향을 끼치게 될 것입니다.

74.

"You are free to choose, but you are not free from the consequences of your choice." – Zig Ziglar

Every single day we have to choose something. However, what is the most important things to choose in your life? I would say, choosing your spouse (I was chosen by my wife. I had nothing to do with that ^^), faith, or direction of your mind and heart? The fact is that every choice you make, there will be consequences. Brothers and sister, I would like to encourage you to make smart choices in your life. When you have to make an important choice, please take a moment, think twice, and get advice if it is necessary from your mentor. In fact, as you know, a good choice will bring you a good result.

74.

"당신이 어떤 선택을 하느냐 하는 것은 당신의 자유
입니다. 그러나 그 선택의 결과로 부터는 자유롭지
못할 것입니다." – **Zig Ziglar**

우리는 매일 매일 무엇인가를 선택하면서 살아 갑니다.
그렇다면, 우리 인생에서 가장 중요한 선택은 무엇일까요?
아마도 배우자를 선택하는것, (저는 선택을 받았기 때문에
여기에 대해서는 할말이 없습니다) 믿음을 선택하는것,
또는 내 마음의 방향을 선택하는것? 여기서 말하고자 하는
사실은 무엇을 선택하든지 그 선택에 대한 결과는 따라
온다는 것입니다. 형제, 자매 여러분, 당신의 인생에
있어서 현명한 선택을 하시기 바랍니다. 특히 중요한
선택을 할때는 시간을 가지시고, 두번 생각하시고, 그리고
필요하다면 당신의 멘토에게 소중한 충고를 들어
보시기를 바랍니다. 아시다 시피, 좋은 선택은 좋은 결과를
가져다 줄것이기 때문입니다.

75.

"Never deceive others, in business or in life. In 1995, I was deceived by four companies – four companies that are now closed. A company cannot go far by deceit." – Jack Ma

Jack Ma is the founder of Alibaba Company. His company ranked 14 out of 100 Global top 100 in 2018. His message says something, not only about the company but also our lives. "Never deceive others"

Brothers and sisters, you have to apply this simple principle to your relationship with people. I have seen so many couples broke up because of this issue. Not only couples but all other relationship. (Father and son, mother and daughter, teachers and students, boss and employees etc...) I would like to encourage you to set your mind that you will never deceive others in your life. This simple rule will make your life much better. You will see.

Thought of The Day 100

75.

"사업이나 인생에서 절대로 다른 사람들을 속이지 마십시오. 1995 년에 저는 4 개 회사에 속았습니다. 현재 4 개 회사가 폐쇄되었습니다. 회사를 경영할때, 속임수로 멀리 갈 수 없습니다." – Jack Ma

마윈 회장은 중국의 알리바바라는 온라인 시장을 만든 사람입니다. (미국의 아마존과 비슷한 회사라고 보시면 됩니다.) 2018 년에는 전세게 100 대 기업중 14 번째 기업으로 랭크 되었습니다. 오늘 그의 메세지는 단지 기업을 운영하는데만 적용 되는 것은 아닙니다. 우리의 (하루하루) 삶에 무엇인가 던지는 말씀입니다. "절대로 남을 속이지 마십시오"

형제 자매 여러분, 이 간단한 원리를 당신의 삶에 (다른 사람들과의 관계속에서) 적용해 보세요. 저는 이 이유 때문에, 헤어지는 많은 부부를 보았습니다. 그리고 이것은 단지 부부에게만 적용되는 것이 아닙니다. (아버지와 아들, 엄마와 딸, 선생님과 학생, 상사와 직원 등) 지금 이시간 아예 마음을 굳히세요. 나는 앞으로 절대로 남을 속이지 않겠다고 말입니다. 이 간단한 생활의 법칙이 당신의 앞으로의 삶을 더욱 좋게 만들 것입니다. 한번 해 보세요.

Thought of The Day 100

76.

"The Only Way To Do Great Work Is To Love What You Do. If You Haven't Found It Yet, Keep Looking. Don't Settle." – Steve Jobs

Do you love what you do? This is not an easy question. How many people can answer "Yes" to this question? This is a simple yet very profound life question because we work every day of our lives. Most of us, we have been doing our current jobs for a while. It is not realistic to find a new job and start all over again just because we realize we do not enjoy our current job. It is truly a blessing if you love what you do today. I know a barber, Ms. Yu. One day I went to the barbershop to get my usual haircut. Ms. Yu welcomes me with a smile. While she cut my hair, I saw a newspaper clipping framed on the wall. It was Ms. Yu's story. For 30 years she has been cutting military personnel hair, which accounts for almost 220,000 soldiers. I was so impressed and she said she was happy to do her job. Brothers and sisters, love what you do or learn how to love what you do.

Thought of The Day 100

76.

"큰일 (대단한)을 하는 유일한 방법은 당신이 하는
일을 사랑(좋아)하는 것입니다. 만약 당신이 사랑(좋아)
하는 일을 찾지 못했다면, 그냥 그 자리에 앉아 있지
말고, 계속 찾으십시오." - Steve Jobs

당신이 하는 일을 정말로 사랑(좋아)하시나요? 이게 쉽게
답할 수 있는 문제는 아니죠. 얼마나 많은 사람이 이
질문에 "네" 라고 대답할 수 있을 까요? 이 질문은
간단하지만 아주 근본적인 인생 질문입니다. 왜냐하면
우리는 삶을 위해서 매일 매일 일하고 있기 때문입니다.
(하기 싫은 일을 매일 매일 한다는 것이 얼마나
힘든 일이겠습니까?) 우리 대부분은 지금 하고 있는 일을
그 동안 계속 해 왔을 것입니다. 사실 이 시점에서 새로운
일을 찾아 본다는 것은 현실적이지 않죠. 그리고 다시 처음
부터 시작한다는 것이....... 만약 당신이 하는 일을
좋아하고 있다면, 그것은 진정 축복일 것 입니다. 제가
아는 이발사가 한분 있습니다. 미스 유 라고 하는 분입니다.
하루는 제가 머리깎으러 이발소에 갔는데, 미스 유가
미소로 반갑게 맞아 주셨습니다. 그분이 제 머리를 깎아
주시는 동안 신문기사를 넣어 놓은 액자를 보게
되었습니다. 그 기사는 미스 유에 대한 기사였는데, 그분은
지난 30 년 동안 220,000 명의 군인들의 머리를
깎아주었다는 것이었습니다. 그 기사를 보고 무척이나
인상이 깊었습니다. 그리고 그분이 말씀 하셨습니다.
본인은 자기가 하는 일을 아주 좋아 한다고. 형제 자매

여러분, 지금 하는 일을 좋아 하십시오. 아니면 좋아하는
방법을 배우시기 바랍니다.

77.

**"Only I can change my life. No one can do it for me."-
Carol Burnett**

You have a life to live. Your life is unique and precious.
But no one can live your life for you. You are the one
who can be an owner of your life. Don't expect someone
else to lead your life take the responsibility of your life.
You are the only one who can live your life. Take
ownership of your life and responsivities as well.

77.

"오직 나만이 내 인생을 바꿀수 있습니다. 그 어느 누구도 당신을 대신해서 해 줄 사람은 없습니다." - Carol Burnett

당신은 살아야 할 인생이 있습니다. 당신의 인생은 유일하고, 귀한 인생 입니다. 하지만 그 어느 누구도 당신의 삶을 대신 살아 줄 수 없습니다. 당신만이 당신의 삶에 주인이 될 수 있습니다. 다른 사람이 당신의 삶을 이끌어 줄 것이라고 기대 하지 마세요. 다른 사람이 당신의 책임을 대신해 줄 것이라고 생각 하지 마세요. 오직 당신만이 당신의 삶을 살 수 있는 유일한 사람입니다. 당신의 인생에 오너쉽을 가지세요. 거기에 따르는 책임들도 함께 말입니다.

78.

"Once you replace negative thoughts with positive ones, you'll start having positive results." – Willie Nelson

Bottom line up front, you cannot change the whole world in a day. You can change the worldview of your life. Change starts from your thoughts. I would like to encourage you to start thinking positively from now on. Then, you will see the results of them in your life.

78.

"만약 당신이 부정적인 생각들을 긍정적인 생각들로 바꾼다면, 당신의 삶속에 긍정적인 결과들이 나타나기 시작할 것입니다." –Willie Nelson

결론부터 말씀드리자면, 당신이 이 세상을 하루아침에 바꿀 수는 없습니다. 하지만 당신이 가지고 있는 세계관은 바꿀 수 있습니다. 변화는 생각에서 부터 시작 됩니다. 제가 권면드리자면, 오늘 지금 이 시간 부터 긍적적인 사고를 하시기 바랍니다. 그러면, 당신의 삶에 긍정적인 결과들이 나타나게 될것입니다.

79.

"The Native American Indians have a saying: "Within every man there exists two wolves. One is good, the other is evil. They are in a constant battle. Which one will win the battle? The one that we feed."

This is a good analogy of a human's mind. I also do have two different minds. One is doing the right thing, and the other one is opposite mind in my heart. Those two wolves are in a constant battle every day. I confess that I also have a temptation to feed the evil one sometimes. But I know that if I feed evil wolf daily, my life will be overpowered by that. So, brothers and sisters, it is your choice which one you will feed. It (feeding) is daily activity and decision for your life.

79.

"미국 인디언들의 격언에는 이런 말이 있습니다.
"우리 안에는 두마리의 늑대가 살고 있습니다. 하나는
착한 늑대, 또 다른 하나는 나쁜 늑대 입니다. 이
두마리의 늑대는 계속해서 싸우죠. 그럼 어느 늑대가
이길까요? 그것은 바로 당신이 매일 먹이를 주는
늑대가 이긴답니다."

사람의 마음에 대한 좋은 비유인것 같습니다. 저 또한
두가지 다른 마음이 있습니다. 하나는 옳은 일을 하고자
하는 마음이고, 다른 하나는 그 반대 입니다. 이 두마리의
늑대는 매일 전투를 벌이고 있죠. 저 또한 나쁜 늑대에게
먹이를 주고자 하는 유혹을 가끔씩 받고 있답니다. 그러나
제가 만약 나쁜 늑대에게 매일 먹이를 준다면, 그에 의해
내 삶이 지배 받는 다는 것을 알고 있습니다. 그래서
말입니다. 형제 자매 여러분, 어떤 늑대에게 먹이를 주느냐
하는 것은 바로 당신의 선택에 달려 있습니다. 먹이를 주는
것은 매일 매일 하는 일이며, 그리고 당신의 (인생)
선택이란 것을 기억하세요.

80.

**"You change your life by changing your heart." -
Max Lucado**

Changes will begin from your heart. Imagine that your
heart is the vessel. What is inside your heart? I would
suggest precious values to put in that vessel. They are
integrity, patience, self-control, and compassion. Put
those values in your heart and your life will be changed
amazingly.

80.

"마음이 바뀌면 인생이 바뀐답니다."- Max Lucado

항상 변화는 마음의 변화에서 시작 되죠. 당신의 마음을
그릇이라고 상상해 보세요. 무엇이 그 안에 있나요?
당신의 소중한 마음에 담을 소중한 가치들을 추천해
볼까요? 정직, 인내, 절제, 그리고 자비. 이 네가지 가치를
당신의 마음에 넣어 보세요. 그러면 당신은 인생의 놀라운
변화를 경험하게 될것 입니다.

81.

"I have a lot of things to prove to myself. One is that I can live my life fearlessly." - Oprah Winfrey

This should be your statement too. Your life is yours. No one can live your life. But, there are some people out ther to attack and hurt you with no legitimate reasons. Brothers and sisters, think about this. You have to take ownership of your life. Your time, your emotions, and your life are so precious. Don't let other people hurt you and damage to your life. Take courage and live your life fearlessly.

81.

"나는 스스로에 대해서 많은것을 증명할 수 있습니다. 그중에 하나는 바로 내가 두려움없이 내 삶을 살 수 있다는 것입니다." - Oprah Winfrey

이말이 바로 당신의 말이 되어야 할 것입니다. 당신의 삶은 당신의 것입니다. 그 누구도 당신의 삶을 대신 살아 줄 수 없습니다. 그러나, 별 이유 없이 당신을 공격하고, 상처를 주는 사람들이 있습니다. 형제 자매 여러분, 생각해 보세요 당신의 인생에 대해서, 주인의식을 (확실히) 가져야 합니다. 당신의 시간, 감정, 그리고 삶은 너무나 소중하기 때문입니다. (절대로) 다른 사람이 당신에게 상처를 주게 하지 마세요 그리고 당신의 (소중한) 삶에 피해를 주지 않게 하세요. 용기를 가지시고, 두려움 없는 삶을 사시기 바랍니다.

82.

"If you don't like something, change it. If you can't change it, change your attitude." – Maya Angelou

It is impossible to be liked or like everything in your life. But once you have changed your attitude and mind, you will see a different world in your life.

82.

"만약 싫어하는 부분이 있다면 바꾸십시오. 만약 그것을 바꿀 수 없다면 당신의 태도를 바꾸세요" - **Maya Angelou**

인생을 살다보면, 모든것을 좋아하거나, 모두로 부터 사랑을 받을 수는 없습니다. 그러나 당신의 태도와 생각을 바꾼다면 당신의 인생에서, 새로운 세상을 보게 될것 입니다.

83.

"Human behavior flows from three main sources: desire, emotion, and knowledge." – Plato

There are three fountains in your heart, a fountain of desire, a fountain of emotion and a fountain of knowledge. You have to manage those three fountains, keeping clean. Because there is the energy of your life.

83.

"사람의 행동(양식)은 세가지의 주요 근원에서
나옵니다. 그것은 바로 내가 소망하는것, 나의 감정,
그리고 지식입니다." –Plato

우리의 마음속에는 세가지 샘물의 근원이 있습니다.
그것은 바로 소망의 샘물, 감정의 샘물, 그리고 지식의
샘물 입니다. 우리는 이 샘물들을 깨끗하게 잘 관리해야
합니다. 왜냐하면, 이 샘물들은 우리 삶의 에너지원이기
때문입니다.

84.

"It is not how much we have, but how much we enjoy, that makes happiness." - Charles Spurgeon

We cannot be truly satisfied by something material, such as money. How much money will be enough for you? Just take a moment and think about what you have. I am sure you will see the true value of things and people around you. Enjoy with what you have now, you will be happy.

84.

"우리를 행복하게 만드는것은 우리가 얼마나 가지고
있느냐의 문제가 아니라 우리가 얼마나 그것을
즐기느냐의 문제 입니다." - Charles Spurgeon

사람은 물질적인 것으로 만족할 수 없는 존재 입니다. 즉
돈으로는 만족하지 못한다는 거죠. 생각해 보세요. 도대체
얼마나 많은 돈이 있어야 당신은 충분하다고 생각 할
것입니까? 잠시 하던 일을 멈추시고, 생각해 보세요. 내가
가지고 있는 것들에 대해서...... 제 생각에는 오늘 당신이
가지고 있는 것들에 대한 진정한 가치와, 내 주위에 있는
사람들이 얼마나 소중한지에 대해서 알게 될것입니다.
오늘 내가 가진것들을 가지고 즐기세요. 그러면 당신은
행복하게 될 것입니다.

85.

"Always do your best. What you plant now, you will harvest later." – Og Mandino

This is a good reason, why you have to do your best every day. And I would suggest, you apply this to human relationships. Do your best to build good relationships with the people around you. Please don't burn bridges, if you do so, you will be alone eventually. Do your best to build bridges with people, you will harvest the fruit of that relationship later.

85.

"항상 최선을 다 하십시오. 오늘 당신이 무엇을 심든지, 나중에 그것을 거두게 될것입니다." - Og Mandino

우리가 왜 항상 최선을 다해 살아야 하는지 좋은 이유인것 같습니다. 그리고 한가지 제가 제안을 드리고 싶은것은 이 말을 인간관계에 적용해 보세요. 내 주위에 있는 사람들과 좋은 관계를 맺기 위해서 최선을 다 하십시오. 제발 관계의 다리를 파괴 하지 마십시오. 만약에 그렇게 한다면, 결국에는 혼자되는 신세가 될것입니다. 다른사람과의 관계를 잘 가지도록 하세요. 이후에 그 관계에서 맺어진 열매를 거두게 될것입니다.

86.

"Your success and happiness lie in you. Resolve to keep happy, and your joy and you shall form an invincible host against difficulties." - Helen Keller

It is the New Year. What kind of things will happen in coming new year? Maybe a lot of things will happen in your life. Sometimes, you may face serious trials. But never give up your happiness and joy in your life rather keep them in your heart. Then you will have meaningful and happy New year.

86.

당신의 성공과 행복은 당신 안에 놓여 있습니다. 나는
행복하다. 기쁘다 라고 결심하고 그런 마음을
지키세요. 그러면 당신은 인생의 어떠한
어려움속에서도 굴하지 않는 아주 강한 사람이
될것입니다 **- Helen Keller**

새해가 왔습니다. 새해에는 또 어떤 일들이 당신의 인생에
일어날까요? 아마도 여러가지 일들이 일어날 것입니다.
때로는 힘든일도 있겠지요. 하지만, 당신의 행복과 기쁨을
절대로 포기 하지 말고 지키세요. 그러면 새해도 당신에게
아주 보람있고 행복한 한해가 될것입니다.

87.

**"Never confuse a single defeat with a final defeat." –
F. Scott Fitzgerald**

Let me ask you this question. Have you ever seen or met someone who never experienced defeat or fails? The fact is that we all have or going to have a bitter taste in our life's journey. A single defeat is not the end of the world. There is always hope. It is only part of our journey. Take courage, chin up, and move forward to the new day.

87.

"일회성 패배와 궁극의 패배를 절대로 혼돈하지
마십시오. (일회성 패배를 궁극의 패배로 생각하지
마십시오)" – **F. Scott Fitzgerald**

한가지 질문을 드리겠습니다. 당신의 주위에 단 한번도
실패나 패배를 경험해 보지 않은 사람을 만나 본적이
있습니까? 사실은 이렇습니다. 살다보면 누구나 다 인생의
쓴 맛을 보게 됩니다. 내가 오늘 한 가지 실패 했다고 해서
세상의 종말이 온것 처럼 생각하지 마십시오. 언제나
희망은 있는 것입니다. 그러한 실패는 우리 삶의 일부
입니다. 용기를 가지세요, 고개를 들고, 새로운 희망이
있는 내일을 향해 힘차게 걸음을 내딛으십시오.

88.

"Success is a journey, not a destination." – Ben Sweetland

What is your definition of success? Success depends on your mind. If you change your mindset to believe that you are a successful person, Yes, I am! The result along the way of your life's journey, you will be successful every day.

88.

"성공이란 목적지가 아니라 하루하루 삶의 여정
입니다." – Ben Sweetland

당신은 성공이라는 것이 뭐라고 생각하시나요? 성공이란
당신이 어떻게 마음을 먹느냐에 따라서 달라 집니다. 만약
당신이 이미 마음 속으로 나는 성공한 사람이야 라고
정한다면 당신은 그런 사람입니다. 그 결과로 당신의 삶의
여정에 있어서, 하루 하루가 성공의 날이 될것입니다.

89.

"Perseverance with a smile" – MAJ Douglas Charles

Last Tuesday, we did PT with SANDBAGS. It was cold.
SGM Dent led the PT. The sandbags were so cold, hard,
and heavy. When I carried two sandbags, I didn't smile
actually, I would like to complain in my mind. But my
buddy talked to me and gave a lesson of "perseverance
with a smile." Since every bad thing comes to an end at
some point... that makes the good moments even sweeter
when you reflect on how you succeeded during those
challenging moments. Are you carrying some sandbags?
Don't throw them, don't give up, carry them to the end.
Eventually, you will taste of the sweetness of you your
success.

Thought of The Day 100

89.

"인내의 미소" – MAJ Douglas Charles

지난 화요일에 아침 운동을 할때, 모래주머니를 가지고 했습니다. 그날 아침은 무척이나 추웠죠. 그리고 그 모래주머니는 꽁꽁 얼어 있어서 춥고, 단단하고 아주 무거웠습니다. 제가 그 무거운 모래주머니를 들고 운동을하면서, 저는 미소를 잃어 버리고 인상을 잔뜩 찡그리면서 했습니다. 솔직히 마음속으로는 여러가지 불평이 생겨 났죠. 그때, 바로 제 친구가 이야기를 하면서 인내의 미소에 대해서 말했습니다. 여러가지 나쁜일들(힘든일들이) 이 끝이 날때 쯤 되서는 좋은 순간이 온다는 거죠. 그리고 그것을 지나고 나서 생각해 보면, 더욱 보람있고, 스윗하다는 것입니다. 특히 내가 그 어려운 순간을 어떻게 잘 극복했는지에 대해서 말입니다. 혹시 지금 삶의 무거운 모래주머니를 들고 가고 있지 않는지요? 그것을 그냥 던져 버리거나 포기 하지 마세요. 끝까지 가시기 바랍니다. 결국에는 성공과 성취감의 단맛을 보게 될것이기 때문입니다.

Thought of The Day 100

90.

**"When written in Chinese, the word "crisis"
composed of two characters. One represents danger
and the other represents an opportunity." – John F.
Kennedy**

We face crisis once in a while in our life's journey. The
fact is that we cannot avoid that, for no one is perfect.
What can we do in a crisis? We can choose to avoid it or
deal with the crisis. It is really depending on how you
deal with that crisis, it could be an opportunity for your
life. Stay in positive, hope for the best and take courage.

90.

"한자에 보면, 위기라는 말은 두개의 단어로 되어
있습니다. 하나는 위험하다는 말이고, 다른 하나는
기회라는 말입니다." – John F. Kennedy

(케네디 대통령이 이런 말을 했다는 것이 흥미롭네요)

살다보면 때때로 우리 삶에 위기가 닥쳐 올때가 있죠.
이러한 사실을 누구도 피할 수가 없습니다. 왜냐하면 그
어느 누구도 완전한 존재가 아니기 때문이죠. 그러나
그러한 위기상황에서 우리가 할수 있는일은 (피할수
없지만) 어떻게 받아들이느냐, 또는 어떻게 처신하느냐는
할 수 있는 일입니다. 사실 그러한 위기를 어떻게 잘
지혜롭게 처신하느냐 에 따라서 위기는 내 인생의 기회가
될수도 있는 것입니다. 항상 긍정적인 자세를 유지
하십시오. 늘 최선을 희망하시구요. 그리고 용기를
가지세요.

91.

"Make yourself necessary to somebody." – Ralph Waldo Emerson

We are basically egocentric; however, if you live your life just for yourself, your life will be dry and lonely. But, if you make yourself necessary to others and are willing to help them out, your life will be very fruitful and rewarded. Remember, we are not designed to live alone, but together.

91.

"다른사람들에게 필요한 사람이 되도록 하십시오." -
Ralph Waldo Emerson

우리는 근본적으로 자기 중심적으로 살게 되어 있습니다.
하지만, 만약 당신이 당신만을 위해서 살고자 한다면,
당신의 인생은 건조하고 외로운 삶이 될것입니다. 그러나,
당신이 다른 사람들에게 필요한 사람이 되고 또한 그들을
도우면서 살고자 한다면, 당신의 삶은 풍성하고, 보람있는
삶이 될것입니다. 이것을 기억하십시오. 우리는 홀로
외롭게 살게 만들어진 존재가 아니라 서로 함께 살게
만들어 졌습니다.

92.

"Be kind, for everyone you meet is fighting a hard battle." – Plato

It is simple but very deep. I know that everyone has their own burden of life. And they are fighting a hard battle every day. But they just don't express them. Maybe there is no one to listen or care enough for them? Or they don't just know what to do. Brothers and sister, open your eyes of your heart to your brothers and sisters. You will see how hard they are fighting a hard battle every day. And if you reach out your helping hand with kind heart, you will also know that little kindness will give them great hope and help for their lives.

92.

"당신이 만나는 사람들에게 친절하십시오. 왜냐하면,
그들은 하루하루 힘든 싸움을 하고 있기 때문입니다."
– Plato

정말 단순하지만, 아주 깊은 의미가 있는 말이네요. 사실
알고 보면, 모든 사람이 그들만의 인생의 짐을 지고 살고
있습니다. 그들은 하루하루 힘든 싸움을 하면서 살고 있죠.
그렇지만 그런 사실을 나타내지는 않습니다. 아마도
생각하기를 자기를 정말로 생각해 주거나, 들어줄 사람이
없다고 생각하겠죠. 또는 그저 그런 감정을 표현 할 줄
모르면서 살아 왔기 때문일겁니다. 형제, 자매 여러분, 내
마음의 눈을 열어서 내 주위의 형제, 자매들을 보세요.
그러면, 그들이 매일 매일, 얼마나 힘든싸움을 하고
있는지를 볼 수 있을 것입니다. 그리고 만약 당신이 손을
내밀어 당신의 친절한 마음을 전달 한다면, 그들에게 큰
용기와 희망을 준다는 사실을 알게 될것입니다.

93.

"Life isn't about getting and having, it's about giving and being." –Kevin Kruse

Many people enjoy the receiving, but a mature person prefers to give rather than take. When you give something you have to others who are in need, you will find true happiness.

93.

"삶이란 내가 뭘 더 가지느냐, 얻느냐의 문제가
아닙니다. 오히려 주는것과 존재의 문제 입니다." –
Kevin Kruse

많은 사람들이 뭘 좀 더 받아볼까, 얻어 볼까 라고
생각합니다. 그러나 만약 당신이 좀 성숙한 사람이라면,
그런 마음을 바꾸어야 합니다. 당신이 가진것을 가난한
이웃과 나눌때, 당신의 존재에 대해서 진정한 삶의 의미를
깨닫게 될것입니다.

94.

"Without pay do not want to get."-Bill Gates

Some people like free stuff. That is why you see letter "free" in flyers and commercial. But in all truth, there is no such thing as free in this world. Think about what you have today your iPhone, car, house, and food. You or someone else has paid for these items.

Please don't be deceived by anything stating that something is free.

94.

"댓가 없이 얻고자 하지 말라."- Bill Gates

어떤 사람들은 공짜를 좋아합니다. 그래서 공짜라는
단어가 상업적인 광고에 많이 등장합니다. 그러나 진실은
세상에는 공짜가 없다는 것입니다. 지금 당신이 소유하고
있는 것들을 생각해 보세요. 아이폰, 차, 집, 음식들 이
모든것들이 당신이 스스로 지불했거나, 또는 누군가의
노력으로 만들어진 것입니다. 더이상은 공짜라는 말에
속지 마세요.

95.

"If you do not change direction, you may end up where you are heading." – Lao Tzu

Where are you going? Or what is your life's goal? Sometimes we need to pause and check ourselves. Think and ask yourself this question. Is my direction right? If yes, keep on going, but if not; you have to change your direction. You don't want to end up in the wrong place.

95.

"만약 당신이 방향을 바꾸지 않는다면, 결국에는 지금 향하고 있는 방향의 어디엔가 다다르게 될것입니다."
– Lao Tzu

어디로 가고 계신가요? 그리고 당신의 삶의 목표는 무엇인가요? 때때로 우리는 잠깐 멈추어 서서 우리 스스로를 점검해 봐야 합니다. 가만히 생각해 보세요. 그리고 스스로에게 물어 보세요. 내가 가고 있는 방향이 올바른 방향인지? 만약 그렇다 라고 하신다면, 계속해서 그 길을 가십시오. 하지만 그렇지 않다고 한다면, 당신은 그 방향을 바꾸어야만 합니다. 당신은 나중에가서 당신이 원하지 않는 그곳에 다다라서 후회하고 싶지는 않으시겠죠?

96.

"A great pleasure in life is doing what people say you cannot do." – Walter Gagehot

There are two different kinds of people around you. Some will say to you "You can do it!" Others will say that you cannot do it because I have tried it before. That is impossible to do.

Brothers and sisters, don't be discouraged by that kind of negative comment. Rather take the challenge of a task someone said was impossible. Prove them wrong for you can do it. The result will bring great pleasure to your life.

96.

"우리의 삶에 있어서 큰 기쁨중에 하나는 남들이 할 수 없다고 하는 일을 성취해 내는 것이다." – **Walter Gagehot**

당신의 주위에는 크게 두 종류의 사람이 있습니다. 어떤 사람은 "당신은 할수 있어요" 라고 할것입니다. 그러나 또 어떤 사람은 "내가 해봤는데, 넌 할 수 없어 그건 불가능해" 라고 말하는 사람입니다.

형제, 자매님 그런 부정적인 말에 의해서 용기를 잃지 마세요. 오히려 그 사람들이 불가능하다고 말하는 일에 도전해 보세요. 그리고 당신이 할 수 있기에 그들이 틀렸다는 것을 증명해 보이세요. 그 결과 당신은 인생에서 아주 큰 기쁨을 맛보게 되실 겁니다.

97.

"Faith is to believe what you do not see; the reward of this faith is to see what you believe." – Saint Augustine

You should have three values in your heart. Faith, hope and love. Let's think about faith. What do you believe? What is your faith? I nor anyone else cannot make you believe in something, but what I believe. First, you should find and define what you believe. Whatever you believe, faith will define your life and future.

97.

"믿음이란 내가 눈으로 보지 못하는것을 믿는
것입니다. 그 믿음에 대한 보상은, 결국에는 그
믿었던것을 눈으로 보게 된다는 것입니다." – Saint
Augustine

당신의 맘속에는 세가지의 기본 가치를 가지고 있어야
합니다. 믿음, 소망, 사랑. 오늘은 믿음에 대해서 생각해
봅시다. 당신은 무엇을 믿고 있나요? 당신이 믿는 믿음은
무엇인가요? 내가 믿는 것을 남에게 강제로 믿게 할 수는
없습니다. 무엇을 믿느냐 하는 문제는 철저히 당신의 선택
입니다. 먼저해야 할것은 믿음을 찾으십시오. 그리고
무엇을 믿는지 확실히 하시기 바랍니다. 당신이 무엇을
믿든지, 그 믿음이 당신의 삶과 미래를 결정짓게
될것입니다.

98.

"Happiness depends more on the inward disposition of mind than on outward circumstances." – Benjamin Franklin

What is happiness to you? Happiness is very subjective. I saw someone with pretty nothing, but he always smiles. And I saw one, who has a lot of things but frowns all the time. What makes you happy? I strongly believe that happiness comes from a good relationship. A good human relationship will affect and touch your heart and soul. You cannot be happy in being alone. You can be happy with someone who loves and cares about you. Or you can be the one who makes others happy.

98.

"행복이란 내가 처한 외부적인 환경에서 오는 것이
아니라 내면 속에서 내가 어떻게 마음 먹기에 따라서
달라 집니다."- Benjamin Franklin

과연 무엇이 행복일까요? 행복이란 매우 주관적입니다.
저는 아무것도 가진것 없는 사람이 항상 웃는 모습을 잃지
않는 것을 보았습니다. 그 반대로 많은 것을 가진 사람이
매일 불만스런 얼굴로 사는 사람도 보았습니다. 과연
무엇이 사람을 행복하게 만들까요? 저는 행복이
사람들과의 관계속에서 나온다고 확실히 믿습니다. 좋은
인간관계는 당신의 삶에, 특히 당신의 마음과 영혼을 터치
합니다. 나 혼자만으로는 행복할 수가 없습니다. 누군가
나를 생각해주고 사랑해주는 사람과 함께 있을때 행복을
느낄 수 있습니다. 또는 당신이 누군가를 행복하게 해 주는
사람이 될수도 있네요.

99.

"Love is the only force capable of transforming an enemy into friend." – Martin Luther King, Jr.

Take a moment, and look into your heart. You may have an enemy or someone, whom you hate in your heart. I know that it is extremely hard to forgive him or her, even harder to love him or her. But the only remedy of that problem is love. Love is the permanent cure of the problem. You may be afraid to open a bottle of love, which is the best medicine for your life. Brothers and sisters take courage and open it, drink it, then it will cure your disease of hate.

99.

"나의 적 (내가 싫어하는 사람)을 친구로 만들수 있는 유일한 힘은 바로 사랑입니다. " - Martin Luther King, Jr.

잠깐 시간을 내서 한번 본인의 마음속을 들여다 보세요. 아마도 당신의 인생에 있어서 적 – 혹은 싫어하는 사람이 있을 것입니다. 저도 알고 있습니다. 그런 사람을 용서한다는 것이 얼마나 힘이 드는지..... 그리고 사랑한다는 것은 더 더욱 힘이 들지요. 하지만 이 문제의 유일한 해결책은 바로 사랑입니다. 사랑은 그 문제에 대한 영원한 해답 입니다. 아마도 당신은 사랑의 약병을 따기를 두려워 할 수도 있습니다. 하지만 용기를 내세요. 그리고 사랑의 약병을 따서 마셔 보세요. 그러면, 미움이라는 질병을 치유 받게 될 것입니다.

100.

"Courage is not simply one of the virtues, but the form of every virtue at the testing point." – C.S. Lewis

I know that we face serious problems in our lives sometimes. At that time you may lose your mind, strength to move forward. Then you may be afraid of your life. But brothers and sisters, remember, you are not alone, you will never be alone. Just take a deep breath and look around you, there are many people who are willing to reach out a hand to you. And God will provide enough strength to get through every day. All you got to do is that don't be discouraged but take courage for your life.

100.

"용기라는 것은 단순한 가치중에 하나가 아닙니다.
오히려 시험 당할때, 모든 가치의 모양으로
나타납니다." – C.S. Lewis

(이건 좀 번역이 힘드네요) 모든 사람은 살다보면 때때로
힘든 문제를 만나게 됩니다. 너무 힘든 시험을 만나게 될때
아마도 당신은 앞으로 나갈 힘과 용기를 잃게 될 수도 있을
것입니다. 그로인해 인생에 두려움을 느끼게 될때도 있을
것입니다.

형제 자매 여러분, 그러나 이것을 기억하십시오. 당신은
혼자가 아니라는 것을 그리고 혼자서 힘든 싸움을 싸우지
않을 것입니다. 잠시 깊이 숨을 들이쉬고, 주위를 한번
둘러 보세요. (당신이 생각하는 것보다) 많은 사람들이
기꺼이 당신을 도와 주려고 할 것입니다. 하나님은 하루
하루 충분한 힘을 주셔서, 오늘의 힘든 시간을 지나갈 수
있게 해 주실 것입니다. 당신이 해야 할 부분은 실망하지
마시고, 용기를 가지는 것입니다.

Thought of The Day 100

Congratulations!

Good work. You've completed one hundred. Thoughts of the day. This book has now transformed into your own personal every day guide. However this is not the end. I urge you to go out and seek what makes you feel inspired or what gives you inspiration. But also share this book to others who may need the pick me up and challenge them to finish just how you have done so. Thank you for taking the time and going on this journey of self reflection.

Author: <u>Byung K Min</u>   Co-Author: _____

(Your name)

X_____

(Your signature)

축하합니다!

참 잘하셨습니다. 100 개의 오늘의 생각하는 말씀을 다 마치셨네요. 이 책은 더 이상 평범한 책이 아니라, 세상에 하나 밖에 없는 당신의 인생에 길잡이가 되는 책이 되었습니다. 이것으로 끝내지 마시고, 이제는 내가 어떤 생각을 했는지, 어떤 말을 적었는지, 처음 부터 끝까지, 시간을 내어 정독해 보시기 바랍니다. 또 다른 느낌과 감동 그리고 영감을 받으실 것입니다.

우리가 사는세상은 힘들지만, 살아 볼만하고, 어두운 면도 있지만, 밝은 사람들로 인해서 살맛 나는 세상을 만들어 나가는 것입니다. 이 책을 완성한 당신이 바로 그 중에 한 사람 입니다. 이 책을 다 읽고 난 후에는 내 주위에 소중한 사람과 나누어 읽어 보시기 바랍니다.

정말 수고 하셨습니다. 이제 당신은 공동 저자의 이름을 적으셔도 됩니다.

저자: <u>민병권</u>   공저자: _____

(본인의 이름)

X_____

(본인의 싸인)

CH(LTC) Byung K. Min

19th ESC Command Chaplain

M Div. (Azusa Pacific University)

B.A. (Seoul Theological Seminary)

19th ESC South Korea

Fort Riley Kansas

65th MED BDE South Korea

Fort Leonard wood Missouri

CP Carroll South Korea

CP Long South Korea

72nd SIG BN Mannheim Germany

3-7 INF BN Fort Stewart Georgia

justinkmin@gmail.com

민병권 군목

19 지원사 군종참모

신학석사 (아주사 대학교)

신학학사 (서울신학대학교)

19 지원사 대구 한국

포트랄리 캔사스주

65 의무여단 용산 한국

포트 레너우드 미조리주

캠프캐롤 왜관 한국

캠프롱 원주 한국

72 통신대대 만하임 독일

3-7 보병대대 죠지아주

justinkmin@gmail.com

Made in the USA
Monee, IL
06 November 2019